Selbstporträt, 1799

BORIS VON BRAUCHITSCH

WILLIAM TURNER

BIOGRAFIE

INSEL VERLAG

Klimaneutral
Druckprodukt
ClimatePartner.com/14438-2110-1001

Erste Auflage 2024
Originalausgabe

Umschlaggestaltung: Rothfos & Gabler, Hamburg
Umschlagabbildung: William Turner, *The fighting Temeraire* (Detail),
1839, National Gallery, London, Foto: National Gallery Global
Limited/akg-images, Berlin
Druck und Bindung: Pustet, Regensburg
Printed in Germany
ISBN 978-3-458-64470-5

www.insel-verlag.de

INHALT

Mister Booth 7
Kindheit und Jugend in Covent Garden 12
Von der Akademie zur Romantik 26
Die Moral der Türme 47
Aufbruch nach Süden 57
Triebe und Schlachten 71
Herr Professor 82
Der Beginn, Turner zu sein 93
Unterwegs auf Lord Byrons Spuren 112
Italien und das Nichts 122
Den Kunstmarkt im Blick 134
Reisen als Inspiration und Isolation 142
Fluchtpunkte 154
Sinne und Verstand 161
Mond und Sonne – Gold und Blut 171
Landschaften des Alters 198
Regen, Dampf und Geschwindigkeit 214
Finale 228

Anhang 238
- Anmerkungen 239
- Abbildungsverzeichnis 246
- Literaturverzeichnis 251
- Bildnachweise 255

MISTER BOOTH

Zwei Fischer ruderten von Zeit zu Zeit den verschrobenen Alten hinaus auf die Themse, damit er Wasser und Himmel skizzieren konnte. Stets hatte er auf diesen Exkursionen seine Flasche Gin dabei, um seine Inspiration zu beflügeln, nie aber bot er seinen Ruderern auch nur einen Tropfen an. Er war nachlässig gekleidet, drückte sich seltsam aus. So ein Typ konnte kein Genie sein, er mochte eine große Schar an Bewunderern haben – die beiden Fischer gehörten nicht dazu.

Er hatte sich bessere Luft versprochen, als er sein düsteres Haus in London verließ, um sich in einem Cottage in Chelsea mit Blick auf den Fluss und die Segel der vorbeifahrenden Schiffe einzumieten. Hier stand er gern bei Tagesanbruch auf dem Dachbalkon, oft nur in ein Laken gehüllt, und betrachtete die Farbverläufe des Sonnenaufgangs. Die Adresse hielt er streng geheim, niemand sollte ihn stören.

Als er auf der Suche nach einer abgelegenen Bleibe die Wohnung besichtigt hatte, hatte ihn seine zukünftige Vermieterin skeptisch taxiert und den schäbig gekleideten, untersetzten Herrn nach Referenzen und nach seinem Namen gefragt. »Gute Frau«, hatte er geantwortet und ein Bündel Geldnoten aus der Tasche gezogen, »ich kaufe das Haus komplett, wenn Sie möchten. Und Namen, wozu braucht es Namen?! Wie heißen Sie denn?«

»Mein Name ist Mrs. Booth«, erwiderte sie würdevoll.

»Also gut, dann bin ich Mr. Booth.«

So wurde in den Straßen von Chelsea William Turner in seinem letzten Lebensabschnitt zu Admiral Booth, wie ihn die

Händler nannten – denn es kursierte schnell das Gerücht, er sei ein verarmter Admiral im Ruhestand – oder zu Pummel-Booth, wie ihn die Straßenjungs nannten. Schmeichelte ihm ersterer Titel, weil er eine tiefe Verbundenheit mit dem Meer, den Seeleuten und den Fischern empfand, so nahm er letzteren mit Humor.

Sein Leben verrann und er hätte all seinen Besitz gegeben, um noch einmal so jung zu sein wie sie.

Die Endlichkeit des Daseins war ihm durchaus geläufig, und doch zweifelte er am Scharfblick des Arztes, als dieser ihm zu verstehen gab, es sei nun so weit.

»Gehen Sie nach unten«, empfahl ihm Turner, »trinken Sie ein Glas Sherry und danach schauen Sie mich nochmal an.«

Doch die Diagnose blieb nach dem Sherry die gleiche. »Turner konnte nicht glauben«, schrieb Walter Thornbury, sein erster Biograf, »dass die schreckliche Veränderung so unmittelbar bevorstand. Ich fürchte, er besaß keinerlei religiöse Hoffnung, die ihn in dieser Stunde hätte aufmuntern können.«[1]

Bis zuletzt versuchte er zu verhandeln, um dem Tod noch einmal zu entkommen. Würde der Arzt ihm wieder Gesundheit und Kraft schenken, würde Turner ihn mit auf Reisen zu all jenen fernen fantastischen Sehnsuchtsorten nehmen, die er selbst in seinem Leben gesehen hatte und die seine Erinnerung und seine Phantasie belebten. So soll er es versprochen haben. Noch einmal aufbrechen zu einer neunzehnten und letzten Reise, das wäre für ihn selbst das schönste Geschenk gewesen.[2]

Als er verschied, schien ihm die Abendsonne ins Gesicht. Sein Sterbezimmer ging nach Westen.

Er hatte sein Leben mystifiziert, sein Londoner Atelier umfing etwas Geheimnisvolles, als sei es die Werkstatt eines Alche-

Abb. 1: *Aufgepeitschte Wellen*, um 1840

misten; Freund wie Feind ließ er darüber im Unklaren, was er vorhatte, was er dachte, manchmal sogar wohin er reiste. So erstaunt es wenig, dass er auch seinen Tod verbergen wollte. Nicht nur er würde bald verschwunden sein, es wäre das Beste, wenn auch das Verschwinden selbst der Öffentlichkeit verborgen bliebe.

Sollten sie doch in London weiter darüber streiten, ob seine Bildung sein Leben lang ärmlich und unvollkommen geblieben war, ob sein Hirn zu klein ausgefallen und sein Denken atemberaubend unvernünftig erschien oder ob er das liebenswerteste Herz und den nobelsten Intellekt besaß.[3]

»Er behauptete sich«, so John Ruskin, »aber das konnte nicht ohne Rauheit im Verhalten und Verhärtung des Temperaments, wenn nicht des Herzens abgehen. Niemand verstand ihn, niemand traute ihm, alle schrien gegen ihn.«[4]

Am 23. April 1775, dem Tag, als William Turner in London vermutlich geboren wurde, fand im fernen Salzburg die Uraufführung von Mozarts *Il re pastore* statt; in derselben Woche wurde in Kopenhagen die königliche Porzellanmanufaktur gegründet. Seit vier Tagen tobte der Amerikanische Unabhängigkeitskrieg, James Watt arbeitete mit Hochdruck an der Entwicklung einer effektiven Dampfmaschine und Joseph Michel Montgolfier begann, sich mit der Luftfahrt zu beschäftigen. Seit zwei Monaten war Papst Pius VI. im Amt, der als ersten Akt seines langen Regiments den repressiven *Editto sopra gli Ebrei* (*Erlass über die Juden*) unterzeichnete und sich ansonsten vor allem durch Nepotismus und später durch eine für den Kirchenstaat fatale Allianz mit Neapel und Österreich gegen Napoleon hervortat. Im selben Jahr wurde in Kempten gegen Anna Maria Schwegelin das letzte Todesurteil wegen Hexerei verkündet und in Regensburg löste der Exorzist und Wunderheiler Johann Joseph Gaßner eine hysterische Wallfahrt aus. Ludwig XVI. wurde in Reims zum König gekrönt, und die freiheitsliebenden britischen Autoren Walter Savage Landor und Jane Austen wurden geboren.

Es war ein bemerkenswertes Jahr in einer spannungsreichen Zeit. Das weltfremd-arkadische Idyll, der höfisch geprägte Luxus und die anachronistische Zeremonie der Salbung eines Königs von Gottes Gnaden prallen zusammen mit den ersten Schritten Amerikas zu einer Weltmacht und dem Aufbruch in die industrielle Revolution. Gegen jede Wissenschaft resistente Machenschaften überdauern die Aufklärung und spiegeln sich in den irrationalen Seiten der kommenden Romantik, während zugleich eine neue Generation liberalen Geistes geboren wird.

Als sich Walter Thornbury mit dem Gedanken trug, das Leben des Malers basierend auf Berichten, Briefen und Anekdoten niederzuschreiben, fragte er zunächst John Ruskin, ob er ein ähnliches Ziel verfolge. Ruskin verneinte, gab Thornbury aber einen Ratschlag mit auf seinen literarischen Weg:

> *Vergegenwärtigen Sie sich zunächst die wichtigsten Charakteristika Turners als Schlüssel zum Geheimnis all dessen, was er gesagt und getan hat:*
> *Rechtschaffenheit*
> *Großzügigkeit*
> *Zartheit des Herzens (extrem)*
> *Sinnlichkeit*
> *Eigensinnigkeit (extrem)*
> *Reizbarkeit*
> *Rebellion*
>
> *Und seien Sie versichert, dass er um seine Kraft wusste und sich absolut allein fühlte in der noch nicht verstandenen Welt. Versuchen Sie nicht, die dunkle Seite zu verbergen.*[5]

KINDHEIT UND JUGEND IN COVENT GARDEN

Geboren als Sohn von Mary und William Turner, vermutlich am 23. April 1775, wurde Joseph Mallord William Turner am 14. Mai in der St Paul's Church, Covent Garden getauft. Sein Vater war Barbier und Perückenmacher und lebte mit seiner Familie im Haus 21, Maiden Lane unweit der Themse. Die Familie zog bald nach Turners Geburt um, kehrte jedoch Jahre später in die Maiden Lane zurück und bezog das gegenüberliegende Haus Nummer 26. Im Jahr 1778 wurde Turners Schwester Mary Ann geboren.[6]

Die Krankheit der kleinen Schwester belastete die Familie, verstärkte die psychische Labilität der Mutter, und auch der zehnjährige William muss den Tod Mary Anns nach einer Zeit des Bangens und Hoffens als Schicksalsschlag empfunden haben. In den folgenden Jahren fand sich der junge William Turner wiederholt bei Verwandten außerhalb Londons wieder, etwa im nahen Brentford bei einem Onkel, dem Metzger Joseph Marshall. 1787 brach er von dort nach Margate auf, wo er eine längere Zeit mit Freunden verbrachte, die Schule besuchte und einer ersten Jugendliebe begegnete. Das Wechselbad zwischen Metropole und Landverschickung dürfte ihm die jeweiligen Besonderheiten des Ambientes eindrücklich veranschaulicht und seine Sinne zusätzlich geschärft haben. Der Stadtjunge erlebte außerhalb der Turbulenzen zwischen Lärm, Müll und Hektik eine andere Welt, eine andere Themse, nicht jene innerstädtische Kloake, und er sah einen Himmel, der sich bis zum Horizont weitete. Das Wechselbad behielt Turner bei. Mit Blick auf Brentford erbaute er sich später sein erstes Häuschen außerhalb Londons, und Margate wurde für ihn zu einem Sehnsuchtsort, der ihn bis ins hohe Alter anzog.

Im Herbst 1788 war Turner zurück in London und besuchte dort die Soho Academy, eine ambitionierte Knabenschule, die sowohl Kunst als auch Sprachen unterrichtete. Seine lebenslang mangelnden Fremdsprachenkenntnisse lassen sich wohl damit erklären, dass er bereits nach einem halben Jahr seine Schulzeit endgültig beendete, um eine andere Akademie zu besuchen, die königliche. Den Sommer verbrachte er noch bei seinem Onkel, der sich inzwischen jedoch im Dörfchen Sunningwell, südlich von Oxford, zur Ruhe gesetzt hatte. So entstanden erste Ansichten der berühmten Universitätsstadt von der Hand des zukünftigen Künstlers bereits 1789.[7]

Turners Vorfahren mütterlicherseits waren seit Generationen im Fleischgewerbe, möglicherweise spezialisiert auf gebratene Enten. Einer von ihnen, Turners Urgroßvater Joseph Mallard, soll seinen Namen zu Mallord modifiziert haben. Das klang nobler, das klang nach »My Lord«, doch das änderte darüber hinaus wenig an den Verhältnissen.[8] Walter Thornbury – Journalist, Reisender, Buchautor – betrachtete vor allem diese Herkunft Turners als Glücksfall. Sie sei für ihn die einzige Chance gewesen, originell zu werden; wäre er als Sohn einer bedeutenden Persönlichkeit des kulturellen Lebens doch womöglich bloß ein drittklassiger Imitator eines größeren Vorgängers geworden, »der sein Leben damit vergeudet, in den Galerien von Rom oder Florenz herumzuhängen. Doch die dringende Notwendigkeit, sich sein Brot zu verdienen, mischte Stahl in sein Blut, machte aus ihm einen Titanen der Arbeit, einen Löwen bei Strapazen und erfüllte ihn mit einer alles absorbierenden Liebe zur Natur.«[9]

Covent Garden, um 1650 ein nobles Viertel, möbliert mit Prunkbauten von Inigo Jones, war in den Jahren um Turners Geburt gesellschaftlich betrachtet längst im Abstieg begriffen. Spätestens seit hier der zunächst kleine Markt kontinuierlich expandierte und sich im 18. Jahrhundert zum größten Handelsplatz Englands für Obst und Gemüse entwickelte, störten tagein, tagaus Lärm und Turbulenzen die vornehme Dezenz, und die einst gute Adresse wurde von Theatern, Kaffeehäusern, Kneipen und Bordellen okkupiert. Erst die wachsende Prüderie des 19. Jahrhunderts suchte dem Treiben Einhalt zu gebieten. 1870 stellte die *Society for the Reformation of Manners*, eine Organisation zur Beobachtung, Denunzierung und Strafverfolgung moralischer Vergehen, fest, Covent Garden sei »bedeutender Platz der Venus, und dieses Umfeld ist überlaufen vom Fachpersonal dieser Gottheit. Man könnte den Eindruck gewinnen, als hätten sich sämtliche Prostituierten des Königreichs für diese Nachbarschaft entschieden.«[10] Das pittoreske Ambiente war allerdings lange schon Motiv für Künstler und inspirierte auch Komponisten wie Johann Strauss (*Erinnerung an Covent Garden*, 1867) und Schriftsteller wie George Bernhard Shaw (*Pygmalion*, 1913).

Ein Jahrhundert zuvor, als William Turner hier geboren wurde, war Covent Garden auf seinem Höhepunkt als legendäres Vergnügungsviertel. Mit *Harris's List of Covent-Garden Ladies* war sogar ein jährlich erscheinender Führer verfügbar, der dem »Man of Pleasure« Orientierung hinsichtlich der vielfältigen sexuellen Dienstleistungen und physischen Vorzüge von weit mehr als hundert Huren gab und der die Prostitution als lobenswerten Dienst an der Gesellschaft pries, denn die Triebbefriedigung des Mannes mäßige dessen natürliche Neigung zur Gewalt.

Die kleine Maiden Lane – von der Bebauung aus Turners

Kindheit ist heute nichts mehr erhalten – lag im Windschatten des Strand, war quasi der Hintereingang zu diese Hauptstraße mit ihren Buchhändlern und Druckwerkstätten, Kaffeehäusern und ab 1789 auch der Royal Academy, die in Somerset House Quartier bezog.

London war in den Augen des Kunsthistorikers und Turner-Biografen Walter Armstrong damals eine Stadt erfüllt von englischem Geist, von englischem Selbstvertrauen, englischem Humor und Toleranz. »Der Schmutz und der Schweiß der Stadt wirken wie Mörtel, der ihre Steine und Menschen zusammenhält«, schrieb er. »Turner wurde oft wegen seiner Geburt in Maiden Lane und seiner Kindheit auf dem Pflaster des Strand bedauert. Und doch dürfen wir bezweifeln, dass es eine bessere Vorbereitung für das hätte geben können, was vor ihm lag.«[11] Rückblickend auf seine Karriere ließe sich nicht leugnen, so Armstrong, dass die große Menschlichkeit Londons gepaart mit der unvergleichlichen Vielfalt der urbanen Farben, »vom Glanz eines Piccadilly-Mai-Morgens bis zur apokalyptischen Düsternis eines Wintersonnenuntergangs über den Kais und Brücken der Themse, vom Trubel der großen Durchgangsstraßen bis zur schläfrigen Ruhe der Gassen, die gleich nebenan liegen, wie dösende Felder neben einem stürmischen Gebirgsbach«, entscheidenden Einfluss auf die Kunst Turners genommen habe. London wird so zum wichtigsten Lehrmeister: »ewig neu, überraschend, expressiv, wie eine clevere Frau. Selbst sein unvernünftiger Kontrast zwischen Reichtum und Armut, von Anmut und Schmutz, von Macht und Servilität, trägt dazu bei, es zu einem Inbegriff, oder besser gesagt, zu einer Enzyklopädie der Neigungen und Möglichkeiten jener Rasse zu machen, der es seine Existenz verdankt.«[12]

Man darf sich William Turner also als Straßenjungen vorstellen, dem keine Spielarten menschlicher Vergnügungen, Bedürfnisse und Triebe fremd waren. Überraschend ist höchstens, dass er inmitten dieses brodelnden Bezirks die Muße fand, sich mit Kunst zu befassen. Sein Vater förderte von Beginn an das Talent des Sohnes. Erste erhaltene Arbeiten gehen auf das zwölfte Lebensjahr zurück.

Dass es für junge Künstler sinnvoll sein kann, auch in Friseursalons auszustellen, zeigt das Beispiel Turners. Die Präsentation seiner frühen Werke im väterlichen Laden soll der Legende nach Interesse erster Förderer geweckt haben, und es geht das Gerücht, auch der Arzt und Sammler Thomas Monro könnte Turners Arbeiten erstmals im Barbierladen in Covent Garden gesehen haben.

Vielleicht gab es zudem einen gewissen Stolz der Anwohner in der kleinen Maiden Lane, denn unter der Adresse hatten nicht nur der Dichter Andrew Marvell und der spätere Erzbischof von Canterbury William Sancroft gelebt, sondern auch Voltaire während seiner beiden Jahre im Londoner Exil. William Turner ist noch keine vierzehn, als er im Büro des Architekten Thomas Hardwick als Zeichner beginnt und bald zum Vedutenmaler und Topografen Thomas Malton wechselt.

Präzise Linienführung und korrekte Perspektivdarstellung waren gefragt sowie zur gefälligeren Präsentation existierender oder geplanter Bauten ein landschaftliches Ambiente, das üblicherweise als Aquarell ausgeführt wurde. Ob sich Turner tatsächlich so sträubte, wie Thornbury schreibt?[13] Diese frühen Einflüsse einer akkuraten Wiedergabe existierender Landschaft und Architektur pflegte Turner jedenfalls lebenslang, auch wenn er sich parallel dazu – quasi auf einer zweiten Schiene – von allen topografisch-statischen Vorbildern befreite, um dem Unbestimmten zu seinem Recht zu verhelfen.

Abb. 2: George Dance d. J.:
William Turner, 4. August 1792

Glaubt man Thornbury, hatte bereits Thomas Hardwick empfohlen, dem Lehrling Turner ein weiteres und freieres Feld zu eröffnen, um seiner Kreativität den nötigen Raum zu geben, denn der Junge sei »zu clever und zu phantasiebegabt, um durch eine ernste Wissenschaft geknebelt zu werden«.[14]

Turners Vater nahm den Rat an und William Turner bewarb sich bereits 1789 an der Royal Academy, lieferte Proben seines Talents beim Kopieren von Gipsabgüssen und absolvierte das erste Probesemester erfolgreich. Mit fünfzehn stellte er bereits ein erstes Aquarell in der Royal Academy aus. Wenn er auch noch nicht von der Presse beachtet wurde, so mag dem Mitglied der Royal Academy George Dance der junge Kollege aufgefallen sein. Jedenfalls schuf er um diese Zeit ein Porträt des hoffnungsvollen jungen Talents.[15]

Die Aquarelltechnik entspricht Turner, denn sie vereint Licht, Materie und Wasser, steht für Transparenz und Luzidität, jeder Pinselstrich muss sitzen, ist nicht revidierbar. Die Farben können auf nassem Papier ineinanderfließen, auf trockenem stehen sie konturiert nebeneinander. Immer aber hat das Weiche, Nuancierte Priorität. Und die Nebel über England, die diffusen farbigen Lichter über toniger Landschaft kommen den Möglichkeiten des Aquarells entgegen.

Der Vorstellung folgend, England weise im internationalen Vergleich ein Defizit an herausragenden Künstlerpersönlichkeiten auf, war die Royal Academy 1768 durch König George III. auf Anregung des Bildhauers John Cheere, des Malers William Hogarth und des Architekten William Chambers nach langem Hin und Her und vielen Klüngeleien begründet worden. Sie war mit ihrer Kunstschule und jährlichen Ausstellung die erste staatliche Institution zur Förderung der Künste in Großbritannien.

Joshua Reynolds wurde ihr erster Präsident. Dass sein Drei-Phasen-Lehrplan die Phantasie der Studenten förderte, darf bezweifelt werden, denn in einer freien Entfaltung eigener Ideen sah er nicht das vorrangige Ziel, vielmehr waren klassische Bildung in Literatur und Geschichte sowie Kopieren nach Vorbildern zum Erlernen der Techniken sein Credo.

Erste Aufgabe des jungen Studenten war demzufolge das Erlangen »mechanischer Geschicklichkeit« zum Zwecke bestmöglicher Imitation von Vorbildern.[16] »Ist der Künstler dann in der Lage, sich einigermaßen korrekt auszudrücken, muss er danach streben [...] einen Vorrat an Ideen anzulegen, der sich nach Bedarf kombinieren und variieren lässt. Er ist nun im zweiten Abschnitt seines Stu-

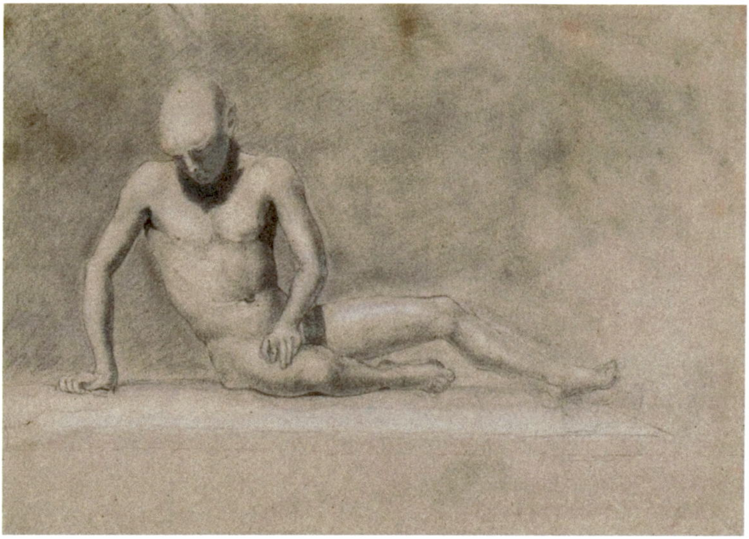

Abb. 3: *Akt in der Pose des Sterbenden Galliers*, 1792

diums, in dem es seine Aufgabe ist, alles zu lernen, was vor seiner eigenen Zeit gedacht und getan wurde«, dozierte Reynolds.[17] Mit Disziplin gelinge es dem Adepten schließlich, so der Akademiepräsident, nicht einen einzelnen Künstler nachzuahmen, sondern sich bei vielen das jeweils Beste herauszupicken.

> *Ich für meinen Teil gestehe, dass ich nicht nur sehr geneigt bin, die absolute Notwendigkeit der Nachahmung in den ersten Stadien der Kunst aufrechtzuerhalten, sondern auch der Meinung bin, dass das Studium anderer Meister unser ganzes Leben lang ausgedehnt werden sollte; ohne jede Gefahr, wie unterstellt wird, von Nachteilen einer Schwächung des Geistes und ohne uns daran zu hindern, jene ursprüngliche Ausstrahlung zu vermitteln, die jedes Werk zweifellos immer haben sollte.*[18]

Der Besuch der sogenannten Gipsklasse, das Kopieren nach Kopien klassischer Bildwerke, war denn auch der wesentliche Teil der künstlerischen Ausbildung. Das eigentliche Malen blieb Nebensache und die Landschaftsmalerei an sich existierte gar nicht als Lehrfach, obwohl ihre Produktion und Nachfrage seit dem 18. Jahrhundert kontinuierlich gestiegen war, denn die sich etablierende Gentry verlangte nach Darstellungen englischer und kontinentaler Landschaft.[19] Entgegen dem Trend wurde die Historienmalerei weiter als ranghöchste der Künste betrachtet und entsprechend am Markt vorbei produziert, weil auch die aufstrebende bürgerliche Gesellschaft die Genres der Porträt- und Landschaftsmalerei für sich entdeckt. Aber auch im 19. Jahrhundert wirkten die verkrusteten Strukturen noch lange nach. So ist im *Artist's Repository*, in der Enzyklopädie der Künste von 1808 zu lesen, die Sparte Historie fordere für sich den ersten Rang unter den Künsten und er werde ihr auch zugebilligt, »sie ist die schwierigste und auch die nobelste, sie erfordert im Künstler einen erhabenen Geist, eine reiche Phantasie, ein heroisches Genie und großherzige Gefühle, vereint mit korrekter Zeichnung, Geschmack, Realitätsnähe, Ausdruck und Bildung. Ja diese sind unvollkommen ohne Anmut und höfische Gewandtheit.«[20]

Walter Thornbury ging mit solchen akademischen Standards und mit der Royal Academy an sich hart ins Gericht:

> *Gegründet wurde sie durch Ränke. Sie war stets unterwürfig gegenüber der Monarchie. Sie gewinnt einen fragwürdigen Haufen Geld damit, Bilder von Nichtmitgliedern auszustellen, die nichts von solchen Ausstellungen haben. Die royalen Akademiker behaupten Kunst zu unterrichten, unterrichten aber nichts. Sie verkörpern das Gegenteil von Entwicklung und Verbesserung.*

> *Sie benutzen zu oft ihre Macht, um ihre Gegner zu beleidigen und zu verletzen und ihre Freunde zu preisen und übermäßig aufzuplustern. Sie ermutigen keine neugierigen Genies. Sie verabscheuen Originalität; einige der schlechtesten Maler dieser beziehungsweise aller Epochen sind Mitglied in ihrem Gremium; ihre Lehren sind überflüssig, ihre Vorlesungen ohne Nutzen, ihre Bibliothek ein Monopol, ihre Titel eine Farce.*[21]

Es stellt sich ohnehin die Frage, ob nicht die hartnäckig repetierte Vorstellung, England mangele es an guten Malern und es habe allein deshalb einer staatlichen Kaderschule der Künste bedurft, an sich schon auf einem Irrtum gründet.[22] Keine andere Nation hat ein solches Spektrum an herausragenden Aquarellmalern hervorgebracht. Wertet man allerdings die Historienmalerei als höchste Disziplin und betrachtet die Aquarellmalerei als diesem Genre nicht ebenbürtig, so führt eine derartige Herabsetzung der Aquarellmalerei dazu, dass auch jene Künstler, die diese bevorzugen, nicht als gleichrangig betrachtet werden. Georges Beaumont habe (so Joseph Farington in seinem Tagebuch im Oktober 1812) Turner auch deshalb kritisiert, weil er ein Künstler sei, der Ölbilder zart und durchlichtet wie Aquarelle erscheinen ließ. So verlören die Gemälde die besondere Kraft der Ölmalerei.[23] Zwei Jahrzehnte später wiederum feierte der *Spectator* Turners Aquarelle wegen ihrer Perfektion, die der von Ölgemälden in nichts nachstehe.[24] Wirkt ein Aquarell wie ein Ölgemälde, sei das lobenswert, wirkt ein Ölgemälde dagegen wie ein Aquarell, fehle es ihm an Substanz. Dass, auch im Deutschen, niemals Aquarelle gemeint sind, wenn von »Gemälden« die Rede ist, macht deutlich, wie tief verwurzelt diese Vorstellung eines Klassenunterschieds ist.

Abb. 4: John Robert Cozens: *Nemisee mit Genzano*, 1777

Der in Rom ansässige Maler Joseph Anton Koch schilderte bereits auf den ersten Seiten seiner *Kunstchronik* ein Exemplar des sentimentalen, inflationär produzierenden Aquarellmalers stellvertretend für seine Zunft:

> *Der Aquarellmaler* plein du sentiment *machte ein schweres Geld als Charlatan und Lakai, er ist eben so industriös als der Holzwurm [ein anderer Künstlertyp], nur noch ekelhafter, lasterhafter und nichtswürdiger, und thut in den guten Gesellschaften, als wäre er das Gefühl in Person. Mit seiner geheuchelten Begeisterung für die Natur hat er sich ein gutes Vermögen gesammelt, auch treibt er Handelschaft mit Schweinen und Ziegen und läßt sein Geld nicht müßig liegen. Auch für Freunde der klassisch-griechischen Liebe übernimmt er Bestellungen.*[25]

Abb. 5: John »Warwick« Smith: *Isola Madre*, ca. 1781

Diese exemplarische und hier satirisch zugespitzte Arroganz gepaart mit moralischem Degout war auch der Grund, weshalb 1804 eine Gruppe von Aquarellmalern, die sich in der Royal Academy marginalisiert sahen, die Royal Watercolour Society gründeten. Dass es 175 Jahre dauerte, bis 1944 erstmals ein Landschafts- und Pferdemaler zum Akademiepräsidenten gewählt wurde, veranschaulicht die diesbezügliche Beharrlichkeit der Institution eindrucksvoll.[26] Im Bewusstsein der besonderen Qualität britischer Landschaftsmalerei bei gleichzeitiger Herabsetzung des Aquarells durch die Institutionen widmete auch John Ruskin seine *Modern Painters* ausdrücklich den Landschaftsmalern und betrieb so die Aufwertung der englischen Malerei insgesamt. Lange aber hielt sich die Idee, wirklich wertige Kunst komme aus dem Ausland. Gebaut wurde noch immer bevorzugt im Stil Andrea Palladios, ge-

Abb. 6: Francis Towne: *Rydal Water*, 1789

kauft wurden Gemälde italienischer oder französischer Provenienz. Lediglich für Porträts zog man bedenkenlos einheimische Künstler wie Gainsborough oder Reynolds heran, schließlich wäre es auch zu aufwändig gewesen, eigens für diesen Zweck Ausländer importieren zu lassen.[27]

William Turner gehörte zur letzten Generation, die noch unter dem Gründungsdirektor der Royal Academy aufgenommen wurde. Wie rückwärtsgewandt die Institution tatsächlich war, beweist Joshua Reynolds bis zum Schluss. Seinen pathetischen Abschied nahm er mit einem fünfzehnten und letzten Diskurs und einem Hymnus auf Michelangelo, dessen Werk er allen Studenten als Vorbild und Studienobjekt ans Herz legte.[28]

Der Landschaftsmaler Alexander Cozens dagegen war nicht nur der Auffassung, das Kopieren anderer Künstler verschwende zu viel Zeit, worunter zudem die eigene Erfindungskraft litte, sondern auch das Zeichnen von Landschaften in der Natur. Seine Methode, Schülern stattdessen zufällige Tintenflecke (blots) vorzulegen und sie daraus ein Motiv entwickeln zu lassen – wobei verschiedene Schüler aus den gleichen Flecken ganz Unterschiedliches schaffen konnten –, rege nicht nur die Phantasie weit mehr an als etwa eine Landschaft, sondern fördere jedem Individuum eigene Gefühle und Erfahrungsschätze zutage. Um die größtmögliche Zufälligkeit der Kleckse zu gewährleisten, empfahl Cozens gar, ein mit feuchter Tinte beträufeltes Papier zusammenzuknüllen und dann wieder zu glätten.[29]

Turner mag diese Technik probiert haben – Skizzenbücher erotischen Inhalts könnten darauf hindeuten –, beschritt aber im Verlauf seines Lebens mit wachsender Vehemenz den umgekehrten Weg. Er nutzte nicht zufällige, »sinnlose« Flecken, um daraus assoziativ Gegenständliches entstehen zu lassen, sondern verwies auf Gegenständliches, um zu zeigen, wie es oft genug an einen Zustand des Unkenntlichen grenzt.

VON DER AKADEMIE ZUR ROMANTIK

Wie lange hat ein Künstler wie Turner gebraucht, um sich aus dem geistigen Korsett der Akademie zu befreien? Und inwieweit war sie tatsächlich ein Korsett für seine Kunstauffassung? Mindestens die jahrzehntelange Orientierung an Vorbildern und das Kräftemessen mit ihnen, das, wie sich zeigen wird, sein Schaffen bestimmte, ließe sich bis zu jenen Worten von Reynolds zurückverfolgen, in denen er das unbedingte Studium der Altvorderen verlangte. Zudem gibt es kaum einen anderen Künstler in seiner Zeit, der die Empfehlung der grauen Eminenz, einen »Vorrat an Ideen anzulegen«, welcher sich dann als Fundus nutzen lasse, extensiver befolgt hätte.

Doch auch in anderer, lebenspraktischerer Hinsicht gab die Akademie Impulse. So bildete sich Turner von 1895 an in Ölmalerei beim Franzosen Philipp Jakob de Loutherbourg fort, der als Künstler und Geschäftsmann keine Berührungsängste mit kreativen Niederungen hatte und den Bogen von den Salons der Aristokratie bis zur Populärkultur schlug. Als Bühnenbildner des Drury Lane Theatre etwa hatte er bereits das von David Garrick inspirierte Eidophusikon entwickelt, ein Miniaturtheater, das 1781 am Leicester Square eröffnete und durch farbiges Licht unterschiedlichste Stimmungen in transparente, gemalte Bühnenprospekte zauberte. Reale Requisiten, Musik und mechanisch erzeugte Regen- und Donnergeräusche taten ein Übriges zur faszinierenden Illusion. Kaum auszuschließen, dass der junge Turner selbst dieses bewegte Spektakel, keine fünf Minuten zu Fuß von der Maiden Lane entfernt, besuchte. Und umso verlockender, hier eine frühe Quelle für sein

Streben nach der Darstellung von Transparenz, Licht und Bewegung in seiner Malerei zu sehen.

Turner kam beizeiten mit dem Theater in Berührung – sein Vater arbeitete als Perückenmacher auch hinter den Kulissen – und wirkte bald schon selbst als Bühnenbildner.[30] Wäre er damals bereits berühmt gewesen, hätte sich von dieser Arbeit wohl mehr erhalten, so aber waren die Prospekte fast ebenso flüchtig wie die Vorführungen selbst. War ein Stück abgespielt, verschwanden auch die Kulissen.

Nicht nur Thornbury, auch John Ruskin war allerdings der Auffassung, Turner habe keinerlei Profit aus seiner Zeit als Kunststudent an der Akademie gewonnen. »Sie lehrte ihn nichts, nicht einmal das eine, was sie ihn hätte lehren sollen – den mechanischen Prozess routinierter Ölmalerei, sichere Handhabung der Instrumente und dauerhaften Farbauftrag.« Die Akademie sei von Beginn an ein großer Irrtum gewesen, so Ruskin. »Sie unterdrückte sorgsam seine Wahrnehmung der Wahrheit, seine Fähigkeiten der Erfindung und seine Wahlfreiheit. Für ihn war es unmöglich das Richtige zu tun, außer im Geiste der Renitenz; somit war die erste Voraussetzung für sein Weiterkommen die Kraft zu vergessen.«[31] Glaubt man diesen Worten, dann musste Turner nicht nur die Lehren der Akademie ausblenden, sondern auch die fatale Wirkung verdrängen, die diese auf ihn gehabt haben.

In Wahrheit wollte Turner nicht in Opposition zum akademischen Betrieb, sondern innerhalb der Royal Academy Karriere machen. Dazu musste er zunächst seine Stellung festigen, wozu solide Seestücke und Historiengemälde besonders geeignet schienen. Der Institution an sich stand Turner keineswegs feindlich gegenüber, im Gegenteil: Lebenslang betrachtete er sie als die Mutter seiner Kunst, der er sich zu tiefstem Dank verpflichtet zeigte. Das bedeutete nicht, dass er ein Verharren in etablierten Gefügen und Genres befürwortete, sondern zunächst nur, dass er ihre Strukturen durchschaute und die Reputation zu schätzen wusste, die das Kürzel »R. A.« hinter einem Künstlernamen quasi von Amts wegen verbürgte.

Allein das Renommee der Kunstschule ebnete den Weg, und die Nachbarschaft zwischen Royal Academy und Royal Society begünstigte eine auch geistige Nähe sowie einen interessierten Austausch, der Turner einen Blick über den Tellerrand der Ästhetik hinaus ermöglichte und sich in Bekanntschaften mit Astronomen und Physikern wie Mary Somerville, Michael Faraday oder Friedrich Wilhelm Herschel manifestierte.

Was Turner außer dem Zeichnen von nackten Körpern an der Akademie gelernt hat, darüber gehen die Meinungen also auseinander. Wichtiger ist vielleicht, was er *nicht* gelernt hat. Es mag paradox klingen, dass sich die Landschaftsmalerei, gerade weil sie an den Akademien verschmäht wurde, zur florierenden und innovativen Gattung entwickelte. Da junge Künstler hier weitgehend ihren eigenen Weg finden mussten, eröffnete sich ihnen ein von verstaubter Konvention unverstellter Blick auf die Natur. Wichtiger als die Routine eines akademischen Reglements wurde daher für William Turner der Austausch mit anderen Künstlern.

Ein Ort für solche Begegnungen war das Haus von Thomas Monro, in dritter Generation Leiter des Bethlem Royal Hospital, einer als psychiatrische Klinik bekannten Institution in architektonisch wie medizinisch desolatem Zustand, in der auch Turners Mutter ab 1899 ihre letzten vier Lebensjahre verbrachte. Das Hospital fand keineswegs zu Unrecht seinen festen Platz in der Horrorliteratur und Filmen wie *Bedlam* mit Frankensteindarsteller Boris Karloff. War die Klinik als primitive Folterhölle verrufen, die Gruseltouren für zahlendes Publikum veranstaltete, und Thomas Monro als empathieloser Chefarzt, schuf er sich im privaten Leben ein kulturidyllisches Gegengewicht, indem er einen Kreis von überwiegend jüngeren Künstlern um sich scharte, Kunst sammelte und als Mäzen auftrat.

Herausragende Landschaftsmaler wie Thomas Girtin, John Varley, John Sell Cotman oder Peter de Wint verkehrten in Monros Haus, das feudal zwischen Strand und Themse an der Adelphi Terrace lag.

In diesem Ambiente begegneten die jungen Künstler auch italienischen und niederländischen Werken aus zurückliegenden Kunstepochen, etwa von Tizian, Salvador Rosa und Francesco Zuccarelli oder Frans Snyders, Paulus Potter und Rembrandt, sowie von älteren britischen Zeitgenossen wie Alexander Cozens oder Paul Sandby.

Letzterer wird verschiedentlich als Vater des englischen Aquarells bezeichnet. Auch er wurde zunächst als Architekturzeichner geschult und arbeitete nach dem Jakobitenaufstand von 1745/46 als militärischer Landvermesser in den schottischen Highlands sowie als führender Zeichenlehrer an der Royal Military Academy in Woolwich, bevor er 1768 eines der 28 Gründungsmitglieder der Royal Academy of Arts wurde. Seine braven Aquarelle von Fortifikationen, Kirchenruinen, Schlössern, Ortschaften und ländlichen Idyllen haben überwiegend dokumentarischen Charakter, ganz anders als die Werke des älteren Alexander Cozens und von dessen Sohn John Robert, deren atmosphärische Landschaften teils dramatische Lichtstimmungen einfangen und langfristig mehr Eindruck auf Turner machten. Sicher auch, weil er in der Sammlung

Thomas Munros exquisite Werke von ihrer Hand entdecken konnte. John Robert Cozens hatte im Alter von 42 Jahren einen Nervenzusammenbruch erlitten, war ins Bethlem Royal Hospital eingewiesen worden und hatte die Behandlung Dr. Munros lediglich drei Jahre überlebt. Nach seinem Tod 1797 war der Arzt so frei, die Sammlung des Künstlers zu erwerben. Sein professionelles Unwesen als experimentierfreudiger Sadist trieb er jedoch noch Jahre weiter, bis sogar im hartgesottenen London das Murren so laut wurde, dass er schließlich 1816 wegen »Mangels an Menschlichkeit« in den Ruhestand versetzt wurde.

Seit Jugendjahren war Turner mit Thomas Girtin befreundet, beide lernten Grundlagen der Kunst bei Thomas Malton und arbeiteten ab 1789 gemeinsam bei John Raphael Smith, dem führenden Drucker von tonangebenden Künstlern wie Joshua Reynolds, Benjamin West oder Joseph Wright of Derby. Dort brachten die Nachwuchskünstler mit Aquarellfarbe Kolorit ins Schwarz-Weiß.[32] Und gemeinsam zogen sie auch aus, um sich die Landschaft in situ anzueignen. Eine immer wieder zitierte Anekdote belegt die hohe Wertschätzung Girtins durch Turner: Bei Turner fuhr ein Kunsthändler vor, sah sich lange dessen Aquarelle und Zeichnungen an und wagte schließlich die Bemerkung, er habe draußen in seiner Mietkutsche ein Werk, das noch feiner sei als alle Werke, die Turner hier versammelt habe. Turner schwieg lange, erst verstimmt, dann nachdenklich, bevor er antwortete: Wenn dem so sei, dann müsse es sich um Tom Girtins *White House at Chelsea* handeln. »›Wenn Girtin gelebt hätte‹, pflegte er mit wahrer Großzügigkeit und mit Pathos zu sagen, ›wäre ich verhungert.‹«[33]

Abb. 7: Thomas Girtin: *White House at Chelsea*, 1800

1794 stellte Girtin erstmals in der Royal Academy aus und auch Turners Aquarelle fanden zur selben Zeit Beachtung in der Presse. Erste Reproduktionen wurden gedruckt.[34] Die bewegte Geschichte der Gegenwart weckte allgemein ein patriotisches und sentimentales Interesse an den Zeugen der Historie, an Darstellungen von Relikten, heimatlichen Landschaften und vertrauten dörflichen Idyllen.[35] Vor allem Ruinen entsprachen dem Empfinden der Epoche, waren sie doch vieles zugleich: Beweise heroischer Vergangenheit, tröstliche Belege, dass die Geschichte über alles hinweggeht, und nicht zuletzt Musterexemplare des Pittoresken.

Den Begriff des Pittoresken hatte William Gilpin in den 1780er Jahren als absolut zweckfreie und rein ästhetische Kategorie etabliert. Das Raue und Unregelmäßige betrachtete er als stilistische Charakteristika.[36] Seinen Anweisungen, wie es sich komponieren lasse, gesellt sich die Anekdote bei, es wäre gelegentlich wünschenswert, man würde dem Pittoresken auch in der Realität etwas auf die Sprünge helfen, so bedürfe es etwa bei der Abtei Tintern nur eines Hammers, um die Kontur der Ruine noch markanter zu gestalten. In seinen *Observations* erwähnte er anlässlich der Ruinen von Raglan Castle[37] und Kenilworth Castle[38] ferner, man verdanke den wunderbar ruinösen Zustand Oliver Cromwell, dessen republikanische Armee die stolzen Festungen geschliffen habe. Solche Bemerkungen sind zwar nicht ganz ironiefrei, verhehlen aber auch nicht den Symbolwert der Relikte als Mahnmale eines überwundenen Despotismus. Es war für Turner Ehrensache, beide Ruinen ebenfalls eindrucksvoll in Szene zu setzen.

Seine Reisebeschreibungen verhalfen Gilpin zu einem gewissen Wohlstand und waren immerhin so weit Allgemeingut, dass ein Autor wie William Combe eine moralisch-lyrische Satire darauf verfassen konnte. In *The Tour of Doctor Syntax, in Search of the*

Picturesque (1812) macht sich ein darbender und von seiner Gattin tyrannisierter Pfarrer auf den Weg, um durch ein Buch über das Pittoreske reich zu werden. Im Wesentlichen geht es bei seiner Irrfahrt jedoch darum, zu tafeln und dem Alkohol zuzusprechen. Als er dann doch eine Ruine entdeckt, »wo Eulen, Fledermäus und Staare, / Und wo, Gott behühte, wie man sagt / Gespenster hausen, die mit Ketten gräulich rasseln«, weiß Dr. Syntax: »Dies Thema ist nicht übel; / Ein Schloß, und jetzt Ruine gar, / Da muß ich hin – um sie zu zeichnen.« Doch bevor der zauselige Pfaffe mit der Kunst beginnen kann, fällt er in einen Tümpel, verliert Hut und Perücke, wird zum Gespött des Dorfes, fängt sich eine Erkältung ein, stirbt fast an den Pillen des lokalen Quacksalbers und entkommt nur mit Not in die Obhut eines anderen Geistlichen.[39]

Ein Dichter wie William Wordsworth hat das Pittoreske ernster genommen und dieses Gefühl 1798 in seinen *Zeilen, verfasst ein paar Meilen nördlich von Tintern Abbey* romantisch aufgeladen. Beim Wiedersehen der Landschaft wird ihm das »Schimmern halb ausgelöschter Erinnerung« bewusst, die ihn bis in die einsamen Räume der Großstadt begleitet hatte und nun beim Wiedersehen nicht nur frisch erblüht, sondern sich zugleich ganz anders darstellt, denn der Blick der Kindheit mit seiner taumelnden Begeisterung ist der »stillen, traurigen Musik der Menschlichkeit« gewichen:

> *Ich spürte eine Gegenwart, die mich aufwühlte mit der Freude erhabener Gedanken, ein sublimes Gefühl von etwas viel tiefer Durchdrungenem, dessen Sitz das Licht untergehender Sonnen ist, das Rund des Ozeans und die lebendige Luft, der blaue Himmel und das menschliche Denken: Eine Bewegung und ein Geist, der alle denkenden Dinge antreibt, der alles, was je Gegenstand von Überlegungen, durchströmt.*[40]

Abb. 8: *Ruinen der Abtei Tintern Abbey*, 1794

Abb. 9: Thomas Girtin: *Ruinen der Lindisfarne Priory*, 1798

Auch Turner besuchte die walisische Westküste. Sein Aquarell *Ruinen der Abtei Tintern,* datiert auf 1794, offenbart den bereits meisterlichen Umgang mit der Technik. Wie in morgendlichen Dunst getaucht spannen sich die fragilen Überreste des Kirchenschiffs der Zisterzienserabtei über zwei kleinen menschlichen Gestalten, die lediglich als Maßstab für die Dimensionen des Bauwerks herhalten. Die Geistesverwandtschaft und zugleich der Wettbewerb zwischen Turner und Girtin werden angesichts einer solch zarten und atmosphärischen Komposition besonders deutlich.

Die Ruinen, die Turner immer wieder malte und die ein so beliebtes Sujet der Romantik sind, verkörpern all das, was Wordsworth in seinem Poem umreißt: die halb ausgelöschte Erinnerung einer unwirklich erscheinenden Vergangenheit, eine gewisse Traurigkeit, auch angesichts der Endlichkeit des Daseins, aber ebenso die Symbiose aus Natur und menschlichem Schaffen. Sie sind weniger Symbole als vielmehr Anschauungsobjekte, sie demonstrieren nicht das Vergebliche, sondern das Versöhnliche, denn, um es mit Wordsworth zu sagen, »die Natur hat niemals den betrogen, der sie liebte«.

Als Turner geboren wurde, regierte in Großbritannien der dritte der vier Georgs aus dem Hause Hannover. Hatte Premierminister Robert Walpole unter Georg I. und Georg II. durch seine Friedenspolitik über zwei Jahrzehnte das Fundament für einen vergleichsweise beachtlichen Wohlstand gelegt, so vermehrte sein Nachfolger William Pitt zunächst den Reichtum durch glückliche und geschickte Kriege, die Großbritannien endgültig zum Status einer Weltmacht verhalfen. Pitt und Frederick North – Premier von 1770 bis 1782 – waren dann tatkräftig am Verlust der amerikanischen Kolonien beteiligt. Für einen Moment sah es so aus, als könnte Großbritannien, wie die Ruinen seiner Vergangenheit, bröckeln. War es aus dem Siebenjährigen Krieg 1763 als Gewinner hervorgegangen, indem es den Franzosen Kolonien auf dem nordamerikanischen Kontinent abtrotzte und auch in Indien den französischen Kolonialträumen ein Ende setzte, musste es in den folgenden Jahren eine herbe Niederlage verkraften.

Es war Frankreich eine verständliche Genugtuung, dass die Kapitulation Großbritanniens im amerikanischen Unabhängigkeitskrieg 1781 vom französischen General Jean-Baptiste-Donatien de Vimeur, Comte de Rochambeau, entgegengenommen wurde, der mit seinen Truppen auf Seiten der abtrünnigen dreizehn Kolonien gekämpft hatte. Triumphal brachte er zwei britische Geschütze in die Heimat, wurde Gouverneur und Marschall und zu einem Helden, nach dem nicht nur ein Panzerschiff, gebaut für den Einsatz im amerikanischen Sezessionskrieg, sondern sogar ein Asteroid, entdeckt von einem amerikanischen Astronomen, benannt wurde.

In den Jahren nach der Französischen Revolution wurde der Hass zwischen Franzosen und Briten dann zu einer Erbfeindschaft stilisiert. Versetzte die gewaltsame Beseitigung der französischen Monarchie Großbritannien in Alarmbereitschaft, so verbreitete der zum Siegen verdammte Napoleon erst recht Angst und Schrecken.

Doch bedeutender war die wirtschaftliche Stärke Großbritanniens. Die industrielle Revolution hatte längst begonnen – seit 1765 arbeitete die Spinning Jenny in der Textilindustrie und zwanzigtausend dieser Maschinen waren auf der Insel bereits im Einsatz, als die Franzosen noch vollauf mit ihrer Revolution beschäftigt waren. Während man in Preußen in einem Religionsedikt Glaubenskonventionen und Toleranzräume festschrieb, führte James Watt in England die Maßeinheit Pferdestärke (Horsepower) ein, um die Leistungen seiner entscheidend weiterentwickelten Dampfmaschinen zu messen.

Außerdem war man Marktführer im Sklavengeschäft, hatte längst Portugal und die Niederlande übertrumpft und begründete den Menschenhandel als Notwendigkeit zur Sicherung des Wohlstands. Es sollte nach dem britischen Verbot des Sklavenhandels 1807 noch Jahrzehnte dauern, bis die Macht der Plantagenbesitzerlobby gebrochen war und das Gesetz auch in den Kolonien weitgehend Beachtung fand. Zugleich lagen Gesellschaftsentwürfe, die ein genossenschaftliches System gleichberechtigter Individuen und Staaten prophezeiten, wie Edward Bellamys *Looking Backward 2000-1887*, ebenfalls noch in der Zukunft.

Dass die Industrialisierung keineswegs dazu geeignet war, die

Sklaverei zu beenden, sollte William Morris in seinem Werk *News from Nowhere* postulieren. Geprägt vom Denken John Ruskins, entwarf er 1890 die Utopie eines kommunistischen, postmaschinellen Gemeinwesens, das zu Handwerk und Agrarwirtschaft zurückgekehrt war. Die Industrialisierung hatte die Menschen der Natur entfremdet und entmündigt, sie hatten sich von Maschinen abhängig gemacht und die einfachsten handwerklichen Tätigkeiten verlernt. Doch sie erkannten bald, dass der Kapitalismus nur ein System von Sklaven und Sklavenhaltern war und die Maschinen lediglich ein effizientes Mittel zur Gewinnmaximierung, die wenig mit Lebensqualität zu tun hat.[41] Eine Maschine nach der anderen wurde abgeschaltet, weil sie nicht in der Lage war, kreativ zu sein, und Geld war überflüssig geworden, Institutionen des Staates ebenso.

Die Wirklichkeit des 19. Jahrhunderts war bekanntlich das genaue Gegenteil. *Die Gartenlaube* lieferte 1855 eine Reisebeschreibung in die Hölle von Wales, die deutlich macht, welche Faszination, welche Ästhetik die »Hauptstadt der Eisen-Industrie« Merthyr Tydfil, die Turner bereits 1798 besucht hatte, zu vermitteln imstande war. »Die Stadt ist in England beinahe sprüchwörtlich geworden in ihrer ewig rauchenden und brennenden Erhabenheit«, heißt es. »Je näher wir kamen, durch entsetzliche Gebirge von Schlacken, desto blendender öffneten sich hier und da die Rachen der Oefen, die wie Vulkane mit dämonischer Leidenschaft Feuer und Flamme speien, ohne sich jemals Ruhe zu gönnen.« Der einzige Grund, hierher zu kommen, in diese vernichtete Landschaft, »vielleicht erst nach Jahrtausenden einer Vegetation fähig«, sind die nächtlichen Feuersäulen, die »geisterhaften Gestalten von Rauch, Licht und Hitze«, denn Merthyr Tydfil ist ansonsten fürchterlich, so *Die Gartenlaube*: »Oede, dick eingeräucherte Häuserreihen strecken sich lang, und in den Nebenstraßen laufen Gebirge von Düng-

Abb. 10: *Leeds*, 1816

Abb. 11: Philipp Jakob Loutherbourg: *Coalbrookedale bei Nacht*, 1801

hügeln dazwischen hin, in denen hier und da schmutzige Kinder traurige Versuche machen, zu spielen. Alles, was man ansieht, Alles, was man anfaßt, jeder Athemzug ist dichter Kohlenruß.«[42]

Anders als Ruskin sah Turner nicht die Ambivalenz der Industrialisierung. Während Ruskin eine Verrohung der Menschen sowie eine Verkümmerung ihrer kreativen Fähigkeiten im Zeitalter der Maschinen erkannte und sich ein Land ohne Eisenbahn und Dampfmaschine ersehnte, zeigte Turner Natur und Industrialisierung nicht als Gegensätze. Mehr noch, die modernen Maschinen waren in der Lage, die Elemente zu nutzen, zu verinnerlichen und so selbst zu einer Art Naturgewalt zu werden. Segelschiffe sind Spielbälle der entfesselten Energien der Natur, sie können kentern und sinken, wie Turner gelegentlich und durchaus mit Bezug auf reale Ereignisse vor Augen führt.[43] Dampfschiffe aber sinken nicht. Zumindest nicht in den Werken William Turners.

Und dennoch: Eilt Turner auch der Ruf voraus, er sei der Maler, der affirmativ der Industrialisierung entgegensah,[44] so finden sich zwischen all seinen Seestücken und Burgruinen dafür kaum handfeste Belege. Wenn, dann hat er diese Entwicklung eher als ästhetisches Phänomen betrachtet; dessen ungeachtet, blieben seine bildlichen Umsetzungen weitgehend brav, wie das putzige Panorama von Leeds, das sich zum Zentrum der Flachs- und Wollindustrie entwickelt hatte. Daher ist es auch keine Überraschung, dass das Bild, welches zur Ikone der industriellen Revolution in England wurde, nicht von ihm, sondern von Loutherbourg stammt: eine Ansicht von *Coalbrookedale bei Nacht*.

Seit Jugendjahren träumte Turner davon, zu Wohlstand zu kommen[45], und offenbar hatte er die Vorstellung, dass ihm das als Maler durchaus gelingen könnte. Jedenfalls war die Malerei ein Mittel, das die Türen zu »besseren Kreisen« zu öffnen vermochte, zu Kreisen, die nicht unwesentlich durch Ausbeutung und Sklaverei reich geworden waren. Die Stunden in Monros Haus waren nur ein erster Schritt in die feineren Salons. Pflegte man liberale Ansichten, bedurfte es einer gewissen Verdrängungsleistung, um mit diesen Leuten zu verkehren.

»Turner war weder Asket noch Geizhals noch Misanthrop. Er liebte seine Freunde mit großer Zärtlichkeit«, schrieb Thornbury.

> *Ihm war auch der Umgang mit Männern von Rang und Vermögen nicht unvertraut. Lord Egremont freute sich, ihn an seinem Tisch zu haben. Lord Harewood kannte ihn gut in frühen Jahren. […] Bei Akademie-Dinnern war er der fröhlichste und heiterste der Gruppe, er liebte auch Wasserexkursionen; und wenn er unten in Yorkshire bei seinem alten Freund Mr. Fawkes in Farnley war, schoss er Gänse oder angelte mit dem Vergnügen eines kleinen Jungen.*[46]

Zugleich war er zurückhaltend und diskret, »zu reserviert, um andere zu loben, aber er verlor auch nie ein Wort der Geringschätzung oder Abwertung«, was Thornbury der besonderen Erwähnung für würdig erachtet, weil Neid und Missgunst auch in Künstlerkreisen ansonsten ihre Blüten trieben.[47]

Neben erzkonservativen Großgrundbesitzern wie Edward Lascelles, 1st Earl of Harewood, Sohn eines hohen Zollbeamten auf Barbados, der nach dem Tod seines kinderlos verstorbenen Vetters das Familienvermögen geerbt hatte, das auf den Westindischen Inseln durch Sklavenhandel und Zollgeschäfte erwirtschaftet worden war, gehörten aber auch engagierte Gegner der Sklaverei zu Turners Freunden und Förderern, wie jener Walter Fawkes, auf

Abb. 12: *Stonehenge*, 1799 (?)

dessen Landsitz Farnley Hall in North Yorkshire Turner Monate verbrachte. Auch ohne Sklaven ließ sich im Großbritannien um 1800 der Wohlstand mehren, so bezog Fawkes von seinen Ländereien im Jahr 1791 rund 13 000 Pfund, 1824 brachten dieselben Güter bereits 34 000 Pfund ein. Dank niedriger Steuern und lukrativer Außenpolitik wurden vor allem die Reichen reicher und konnten sich angesichts einer quasi automatischen Geldvermehrung dem Reisen und den Künsten widmen. Es gehörte nun auch beim Landadel zum guten Ton, eine Kunstsammlung vorweisen zu können.[48]

Kreative Köpfe begeisterten sich gleichfalls für die Werke Turners. Etwa John Soane, der als Sohn eines Maurers durch glückliche Förderung ein Architekturstudium beginnen konnte, zusammen mit dem ein Jahr älteren Thomas Hartwick nach Italien reiste, mit Protektion durch William Pitt 1788 zum Architekten der Bank of England avancierte und ab 1806 als Professor der Royal Academy seine Überlegungen zur Architektur in Vorlesungen niederschrieb. Als Turner seinerseits Professor wurde, lauschte Soane den Vorlesungen des Freundes. Ein weiterer Klient Turners wurde der Archäologe Sir Richard Colt Hoare, Reisender und Künstler, der sich durch erste Grabungen rund um Stonehenge einen Namen machte. In seinem Auftrag schuf Turner 1797 dreißig Aquarelle englischer Landschaften. Hoare war es, der bereits in den späten 1790er Jahren dem jungen Künstler ein Aquarell John Robert Cozens' schenkte, das den Vierwaldstädtersee zeigt, und weckte damit möglicherweise seine Sehnsucht und seinen Ehrgeiz gleichermaßen.[49]

Angesichts der napoleonischen Bedrohung war zum einen der Patriotismus der Inselbevölkerung gestärkt, andererseits reiste man eben nun, wo der Weg in die Schweiz und nach Italien zu riskant erschien, ganz pragmatisch in heimischen Gefilden. Gestochene oder aquarellierte Ansichten von Höhepunkten der Reisen waren aber auch weiterhin gefragt, selbst wenn die Tour nur noch durchs eigene Land ging.

Turner eroberte sich sein künstlerisches Habitat auf ausgedehnten Fahrten durch Großbritannien: 1792 und 1795 etwa durchstreifte er Wales, 1797 den Lake District. Im Jahrzehnt bis 1801 erkundete er die gesamte britische Insel von Cornwall bis hinauf nach Schottland. Mehr als hundert Orte lagen auf seiner Little-Britain-Tour.

Nach seinem erstaunlichen Beginn als Aquarellist präsentierte er mit *Fischer auf See* im Jahr 1796 auf der Akademieausstellung sein erstes Ölgemälde, konventionell im Geiste Philipp Jakob Loutherbourgs komponiert: dramatische Wolken, bewegte See. Das kalte natürliche Licht des triumphalen Vollmonds und das

Abb. 13: *Fischer auf See*, 1796

warme künstliche, von der Gischt der Wogen bedrohte Licht der Laterne an Bord des hinteren Bootes korrespondieren, dazwischen erhebt sich eine Kette schroffer Felsen, angelehnt an die Kalknadeln vor der Westküste der Isle of Wight, die Turner im Jahr zuvor besucht hatte.[50] »Es ist das Manifest eines Malers, der vor allem für seine topografischen Aquarellstudien bekannt ist, jedoch als ernstzunehmender Marinemaler wahrgenommen werden möchte«, schrieb Tanja Pirsig-Marshall.[51] An Ehrgeiz fehlte es Turner zu keinem Zeitpunkt seiner Karriere. Vor allem während der ersten Jahre unternahm er erfolgreiche Versuche, mit denen er unter Beweis stellen wollte, dass er den großen Vorbildern mehr als das Wasser reichen konnte.

Abb. 14: *Caernarfon Castle, Sonnenuntergang*, Akademisches Skizzenbuch, 1798-99

Abb. 15: *Caernarfon Castle*, 1799

Durchaus geschickt in technischer wie politischer Hinsicht, war in der Folge Turners Hinwendung zum Malstil Richard Wilsons – neben Thomas Gainsborough und Paul Sandby einer der drei Landschaftsmaler im Gründungsteam der Akademie –, der als britischer Meister der Atmosphäre aus Licht und Luft gefeiert wurde. Auf einer walisischen Tour besuchte Turner 1798 unter anderem Caernarfon Castle und sogar Wilsons Geburtsort Penegoes[52] und trat auch thematisch in dessen Fußstapfen, indem er sich die britische Landschaft geradezu strategisch erschloss und mit all ihren Facetten feierte.

1799 zeigte er sein Ölgemälde *Caernarfon Castle*, entstanden nach Entwürfen aus seinem sogenannten *Akademischen Skizzenbuch*. Vielleicht ist es allein der Perspektive aus über zweihundert Jahren Distanz geschuldet, aber von heute aus betrachtet, erscheint die flüchtige Studie, knapp 14 × 21 cm groß, bei weitem interessanter als die ausgeführte, fünfzehnfach größere Version.

Betrachtet man allerdings Turners weitere Entwicklung, dann ließe sich der Eindruck gewinnen, auch er sei im Laufe der kommenden dreißig Jahre seines Lebens zu dieser Überzeugung gelangt. Zunächst aber traute er sich noch nicht, das Niveau geschmeidiger, wenn auch exquisiter Konfektionsware zu überwinden.

Der Kunsthistoriker John Walker zeigte sich empört und hielt es für ein vollkommenes Fehlurteil, dass sich der königliche Hofmaler John Hoppner, von Turner zunächst angetan, 1798 enttäuscht zeigte: »Er empfand Turner als ›einen ängstlichen Menschen, der sich fürchtet, etwas zu wagen‹, – und dies sagte er von einem der entschiedensten Neuerer und revolutionärsten Maler, die je lebten!«[53] Doch Turner war 1798 nichts weiter als ein hoffnungsvolles Talent. Von Revolution und Neuerung konnte noch keine Rede sein.

Im gleichen Jahr begann er eine Beziehung mit der neun Jahre älteren Tänzerin Sarah Danby, Witwe des gerade verstorbenen Komponisten John Danby, mit der er in den folgenden Jahren unter verschiedenen Adressen gemeldet war. 1801 wurde ihre erste Tochter, Evelina, geboren und am 19. September in Guestling (Sussex) getauft.

DIE MORAL DER TÜRME

Eine weitere illustre Persönlichkeit in Turners Leben war William Beckford, Ikone der Decadence und Libertin, der ihn seit Mitte der 1790er Jahre förderte und den Turner 1799 in London und anschließend auf dessen Landsitz besuchte. Beckford hatte die für seine Klasse obligatorische Grand Tour in den Süden bereits als Zwanzigjähriger absolviert und wusste von vielen kulturellen und emotionalen Abenteuern in der Fremde zu berichten.

Als er in Neapel ankam – in Rekordzeit, verglichen mit der üblichen Dauer der Reise, wie Susan Sontag in ihrem Roman *Der Liebhaber des Vulkans* bemerkt –, fand er im Haus seines kunstsinnigen Vetters zweiten Grades, des ambitionierten Vulkanologen und britischen Gesandten Sir William Hamilton, Aufnahme und in dessen musischer Ehefrau Catherine Barlow, Lady Hamilton, eine Seelenverwandte. Beckford war »bereits Autor eines schmalen, ironischen Bändchens fiktiver Biographien, ein ruheloser Sammler und Kunstkenner, eigenwillig, voller Selbstmitleid, voller Gier auf Sehenswürdigkeiten, Versuchungen, Schätze«, so Sontag.[54] Die Grand Tour schien mehr als eine Bildungsreise, sie war auch Flucht, denn für ihn war Rastlosigkeit

> *größtenteils sexuelle Rastlosigkeit. Die Liebe seines Lebens war elf, als sie sich begegneten, und William hatte vier Jahre lang den Jungen gehätschelt und ihm den Hof gemacht, bevor sie eines Morgens zusammen im Bett gefunden wurden. Als Viscount Courtenay William sein Haus verbot und ihm drohte, er werde ihn verklagen, wenn er es noch einmal wagen sollte, sich seinem*

Abb. 16: *Fonthill*, 1800

Sohn zu nähern, überquerte William den Kanal und machte sich auf den Weg nach Süden.[55]

»Ich fürchte, ich werde nie auch nur halb so weise noch gut genug für irgendetwas anderes sein, als Airs zu komponieren, Türme zu bauen, Gärten zu gestalten, das alte Japan zu sammeln oder über eine Reise nach China oder zum Mond zu schreiben«, bemerkte Beckford in einem Brief an Lady Hamilton 1781,[56] doch mit zweiundzwanzig verfasste er dann seinen *Vathek*, einen persischen Gothic-Fantasy-Roman, in dem die Hauptfigur ein ebenso gebildeter wie moralisch verkommener Kalif ist, der hin- und hergerissen zwischen Lust und Reichtum seinen Weg über Leichen ins Verderben geht. Sein Palast ist ein Fünf-Flügel-Bau, jeder Flügel dient der Befriedigung eines seiner Sinne, im Zentrum aber steht ein wolkenhoher Turm – welcher der finsteren Bastion Barad Dur aus *Der Herr der Ringe* alle Ehre machen würde –, errichtet, um schamlos in die Geheimnisse des Himmels vorzudringen, wie der Prophet Mahomed unumwunden feststellt.[57] Vatheks ebenso niederträchtige Mutter wird den Wolkenkratzer, bevor sie ihrerseits auf ewig in der Unterwelt verschwindet, mit allen darin Tätigen niederbrennen.[58]

Die zweite Turm-Eigentümerin der Geschichte ist Prinzessin Homajuna, die sich einen Ausguck wünscht, von dem aus sie die Erde überblicken und so den Elenden beistehen kann. Der Turm ist innen mit zahllosen Spiegeln ausgestattet, die einzelne Schicksalsbegebenheiten fokussieren und nicht nur Bild, sondern auch Ton übermitteln. Schnell allerdings muss Homajuna erkennen – hier ist sie späteren Helden wie Spider- oder Superman voraus –, dass die Dinge nicht immer so eindeutig sind, wie es scheint. Mit Lichtgeschwindigkeit reist sie an die Orte der Geschehen, um einzugreifen, wird dabei aber immer öfter zu einem umgekehrten Mephisto, indem sie Gutes will und Böses schafft, denn die Sachlage ist meist weitaus komplexer, als es auf den ersten Blick den Anschein hat. Die Mahnung ihres Vaters bewahrheitet sich: »Ohne Unterlaß den unbeständigen und undankbaren Menschen Gutes zu erweisen, ist eine Aufgabe, die schwieriger ist, als Ihr denkt«,[59] denn die Welt ist reich an Intrige, an Täuschung und an Regenten, die nicht mehr Geist besitzen, als sie unbedingt brauchen, sowie voll von wankelmütigem Volk, »stets Sklave des Augenscheins«[60], das zudem schnell vergisst. Schließlich ist die Prinzessin moralisch so verwirrt, dass sie sich ratsuchend zu ihrer Schwester flüchtet, die sich für ein Leben in süßen Wonnen und üppiger Sanftheit auf einer abgeschiedenen Insel entschieden hat. Doch Homajuna, statt wieder zu sich zu finden, entwickelt in diesem Paradies Neid-

Abb. 17: *Das Torhhaus von Denbigh Castle: Farbstudie*, 1799-1800

gefühle und beschädigt die Idylle.[61] Am Ende jedoch kommt sie zur Besinnung, vergisst ihre Anteilnahme an der menschlichen Rasse und lebt ihrerseits in arkadischem Frieden.

Dem Schwelgen in der Harmonie sinnlicher Erquickungen ist allemal der Vorzug vor karitativer Arbeit zu geben, so die Moral des *Vathek*. Die Menschen sind schlecht und alle Versuche, sie zu bessern, werden vergeblich bleiben. Für Gottfried Benn war Beckford »vielleicht der Vater der ganzen nicht-didaktischen, nicht-erlösungssüchtigen Literatur« und *Vathek* ein Werk, »das das Anliegen hat, keine Wege zu geben, sondern konzentrierte Resultate«.[62] In der Tat geht es trotz temporeicher Story nicht um psychologische Entwicklung, nicht um Dramaturgie. Es sind Bilder, die sich einprägen; Resultate: die schönste Krüppelgesellschaft aus Herren ohne Nasen und Frauen ohne Ohren, ein nächtliches Bad Liebender in einem Bassin aus schwarzem Marmor, brennende Herzen, brennende Türme, Wände aus menschlichem Haar, Funkenregen, ein Wirbelwind, der die Prinzessin Homajuna »sieben Tage und sieben Nächte lang kreisend und rollend nach unten riß«,[63] oder ein Blick über den Nil auf die Wüsten, »wo der Wind von Zeit zu Zeit Sandwirbel emporjagte. Der Widerschein der untergehenden Sonne färbte die Fluten blutrot.«[64]

Zunächst ohne Wissen des Autors als vorgeblich original orientalische Erzählung veröffentlicht, bezaubert die Geschichte durch wilde Capricen und starke Bilder und zieht alle Register des Orientalismus. *Vathek* ist voller Nebel, Dünste, Träume, Trugbilder, ein taumelndes Delirium. Immer wieder »wird die Frische natürlicher Szenerien wie unter dem schwarzen Vibrieren eines Gestirns bis zum Unbehagen farbig und lebhaft«.[65]

Mit dem Begriff Exzentriker nur unzureichend beschrieben, erbte William Thomas Beckford beim Tod seines resoluten Vaters

William »Hurricane« Beckford, Whig-Politiker und zweifacher Lord Mayor of London, 1770 als einziger legitimer Sohn unter insgesamt sieben Nachfahren ein Millionenvermögen, Ländereien und Zuckerrohrplantagen auf Jamaica. So konnte er sorglos seine musischen Talente entfalten, durch Europa reisen, phantastische Partys veranstalten, Kuriositäten sammeln und sich mit Fonthill Abbey, rund 150 Kilometer westlich von London, ein profanes Kloster errichten, das mindestens durch den spektakulären Turm (der, ursprünglich als höchstes Bauwerk Englands geplant, dann immerhin noch 90 Meter erreichte) an seinen Roman *Vathek* erinnerte. Mehrfach eingestürzt und schließlich nicht wiedererrichtet, ist er nur in Bildern, etwa in Aquarellen Turners, überliefert.[66]

Die Legende, Beckford habe als kleiner Junge beim vier Jahre älteren Wolfgang Amadeus Mozart Klavierunterricht erhalten, wird gern kolportiert. Wichtiger war sicher der Einfluss seines Zeichenlehrers Alexander Cozens, der ihn auch auf seine Italienreise begleitete. Mit vierundzwanzig wurde Beckford Mitglied des Parlaments. Die ungehobelten Auftritte des Vaters waren den Konservativen noch in lebhafter und schockierender Erinnerung und so galt es, die Entfaltung einer neuen Generation dieser eigensinnigen Familie umgehend zu verhindern, zumal die Erscheinung des Sohnes weitaus smarter war und sein revolutionäres Gedankengut dadurch noch weit subversiver seine Wirkung hätte entfalten können. Der Skandal, den Alexander Wedderburn, Baron Loughborough und seine Tory-Mannen inszenierten, beendete denn auch Beckfords politische Karriere abrupt. Die *Society for the Reformation of Manners*, Brutstätte für Korruption und Intrige, skandalisierte Beckfords Affäre mit dem »notorischen Homosexuellen«, dem gerade einmal 16-jährigen William »Kitty« Courtenay, 9th Earl of Devon. Courtenay verließ England, um in den USA

Abb. 18: *Die fünfte Ägyptische Plage*, 1800

und Frankreich zu leben, während Beckford 1785 zunächst an den Genfer See zog, um nach dem Tod seiner Frau im folgenden Jahr auf Tour durch Spanien und Portugal zu gehen. Sein Ruf war langfristig ruiniert, aber Mitte der 1790er Jahre war doch so viel Gras über die Sache gewachsen, dass er nach England zurückkehrte.

Dass Turner Beckfords Hauptwerk kannte, versteht sich von selbst. Inwiefern seine eigene künstlerische Expression von den wilden literarischen Turbulenzen tangiert und gar geprägt wurde, bleibt im Einzelnen kaum nachweisbar. Ein apokalyptisches Werk wie *Die fünfte Ägyptische Plage* (Viehpest – bei Turner kombiniert mit der siebten Plage: Hagel und Sturm) aber wäre eine adäquate Illustration auch für den *Vathek*; daher verwundert es nicht, dass Beckford dieses erste biblisch inspirierte Gemälde Turners im Jahre 1800 für eine beeindruckende Summe von 150 Guineen erwarb.[67]

Turner dürfte Beckfords Plan, es in Fonthill als Pendant zu zwei Werken Claude Gelées, genannt Lorrain, zu präsentieren, besonders gefreut haben. »Gegenstücke, die man von jungen heimischen Malern zu alten Meistern herstellen läßt, deren stolzer Besitzer man ist, sind ein erstes Zeichen erstarkten englischen Selbstbewußtseins«, schreibt Heinz Ohff. »Der Beckford-Erwerb veranlaßt den Herzog von Bridgewater, gleich darauf bei Turner ein Gegenstück zu zwei Willem van de Veldes des Jüngeren zu bestellen.«[68]

Ebenso Vathek-affin wie die *Ägyptische Plage* ist eines der beiden Bilder, die Turner für die Aufnahme als vollwertiges Mitglied in die Royal Academy einreichte: das Landschaftsgemälde *Dolbadarn Castle*, dem er durch eine Figurengruppe im Vordergrund, über die der Turm wie ein einäugiger Zyklop zu wachen scheint, einen historischen Gehalt mitgibt; denn der Legende nach war Owain Goch, König von Gwynedd (Nord-Wales), hier zwischen 1255 und 1277 eingekerkert. Die finsteren, dräuenden, altehrwürdigen Türme sind fortan aus dem Werk Turners nicht mehr wegzudenken.

Es ist zugleich die Klaviatur des Erhabenen, des Sublimen, die er hier bedient. Dem seit der Antike virulenten Begriff hatte Edmund Burke neue Aktualität verliehen, indem er in einer philosophischen Untersuchung dem Schönen und dem Erhabenen 1757 klare ästhetische Erscheinungsformen zuordnete: Hier das Helle, Zarte, Fragile der Schönheit, die Freude im Betrachter erzeugt, dort das Düstere, Raue, Mächtige des Erhabenen, das Schrecken hervorruft. Dieser »sublime oder genussvolle Schrecken wurde zunächst in England und dann in Europa zur obersten ästhetischen Kategorie in der Kunst«.[69]

Beckfords *Vathek* schlug sich ohne Zweifel auf die Seite des

Schreckens und Turner folgte ihm. Was sich die beiden Kreativen – der als Architekt dilettierende Dichter und der als Dichter dilettierende Maler – darüber hinaus zu sagen hatten, bleibt ungewiss. Gesichert ist, dass William Turner durch William Beckford die Kunst Claude Lorrains und Nicolas Poussins nähergebracht wurde: bisherige Höhepunkte und Maßstab in der Landschaftsmalerei. Als Turner wenig später die Gelegenheit hatte, in Paris den Louvre zu besuchen, waren es nicht nur die italienischen oder niederländischen Meister, denen sein besonderes Augenmerk galt, sondern vor allem die Werke Poussins, der seine Landschaften bevorzugt mit biblischen und mythologischen Szenen bereicherte, so dass sie sich in Historiengemälde verwandelten. Turner würde sich diese Strategie zu eigen machen.

William Beckford hatte stets dezidierte Urteile über Kunst und Künstler parat – und auch zum späteren Turner eine ganz besondere Assoziation: »Er malt nun, als ob sein Hirn und seine Phantasie auf der Palette mit Seifenlauge und Schaum vermischt wären. Man muss noch einmal geboren werden, um seine Bilder zu verstehen.«[70]

Abb. 19: *Dolbadarn Castle*, 1800

AUFBRUCH NACH SÜDEN

Kaum war 1802 der Friede von Amiens geschlossen, jene Atempause zwischen dem zweiten und dritten Koalitionskrieg, hielt es zehntausende Briten nicht länger auf ihrer Insel. Die berechtigte Befürchtung, dass der Vertrag zwischen England einerseits und Frankreich sowie Spanien und der Batavischen Republik (Holland) andererseits schon bei Abschluss recht brüchig war, sollte sich bereits im folgenden Jahr bestätigen, doch gerade deshalb galt es, die Zeit zu nutzen. Also herrschte Aufbruchsstimmung.

Goethe beschrieb die jungen Engländer, die ihre kontinentalen Expeditionen unternahmen (und dabei auch wie selbstverständlich Attraktionen wie den berühmten Dichter in Weimar aufsuchten), in seinen Gesprächen mit Eckermann mit einer Mischung aus Bewunderung und Amüsement:

> *Und so jung und siebzehnjährig sie hier auch ankommen, so fühlen sie sich doch in dieser deutschen Fremde keineswegs fremd und verlegen; vielmehr ist ihr Auftreten und ihr Benehmen in der Gesellschaft so voller Zuversicht und so bequem, als wären sie überall die Herren und als gehöre die Welt überall ihnen. Das ist es denn auch, was unsern Weibern gefällt und wodurch sie in den Herzen unserer jungen Dämchen so viele Verwüstungen anrichten. Als deutscher Hausvater, dem die Ruhe der Seinigen lieb ist, empfinde ich oft ein kleines Grauen, wenn meine Schwiegertochter mir die erwartete baldige Ankunft irgend eines neuen jungen Insulaners ankündigt. Ich sehe im Geiste immer schon die Tränen, die ihm dereinst bei seinem Abgange fließen werden. –*

Es sind gefährliche junge Leute; aber freilich, daß sie gefährlich sind, das ist eben ihre Tugend. […] Es liegt auch nicht in der Geburt und im Reichtum. Sondern es liegt darin, daß sie eben die Courage haben, das zu sein wozu die Natur sie gemacht hat. […] wie sie auch sind, es sind immer durchaus complete Menschen. Auch complete Narren mitunter, das gebe ich von Herzen zu. […] Das Glück der persönlichen Freiheit, das Bewußtsein des englischen Namens und welche Bedeutung ihm bei andern Nationen beiwohnt, kommt schon den Kindern zu Gute.[71]

Goethe spielt hier auf das Selbstvertrauen an, das dem »Free-born Englishman« auch bürgerlicher Herkunft spätestens seit der Glorious Revolution in die Wiege gelegt wurde. Die Engländer fuhren auf die Grand Tour durch Europa mit dem Wissen, dass sie Bürger und somit Vertreter der führenden Weltmacht waren. Als Goethe die Besuche der Briten kommentierte, war das Insel-Imperium für die Produktion von knapp zwanzig Prozent der globalen Industriewaren verantwortlich und besaß die mächtigste Kriegsflotte der Welt. Bis Ende des 19. Jahrhunderts erstreckte sich ihr Weltreich auf ein Drittel der Landmasse, auf der ein Viertel der Weltbevölkerung zu Hause war.[72]

Turners politische Gesinnung ist schwer auszumachen, aber er interessierte sich für das Zeitgeschehen, las die *Times* und war wohl auf lange Sicht eher ein Gegner der Sklaverei, auch wenn er noch 1805 für hundert Pfund Anteile am Fonds einer Rinderzuchtfarm auf Jamaica erwarb, die durch Sklavenarbeit betrieben wurde.[73] Seine Sympathien galten jedoch eher der Arbeiterklasse und den einfachen Leuten, wie seine Werke zeigen, und dennoch dürfte Thornburys Einschätzung hinsichtlich seines erstaunlich konservativen Akademismus auch auf die Politik übertragbar sein. Es ist naheliegend, dass er politisch auf einer Linie mit seinem Freund Walter Fawkes lag, der, Verfechter einer klar strukturierten konstitutionellen Monarchie, als aufgeklärter Konservativer gelten kann.[74]

Das Bedürfnis, sich endlich in eigener Anschauung alle Vorurteile gegenüber Frankreich bestätigen zu können, war zusätzlicher Impuls, das europäische Abenteuer zu wagen und auf Reisen zu gehen. »Während der zweiten Hälfte des 18. Jahrhunderts gehörten Flugblätter, die den Kontrast zwischen dem Leben der wohlgenährten, prosperierenden Engländer und der unterernährten, elenden und unterjochten Franzosen grausam übertrieben darstellten, zur alltäglichen Bilderfahrung der Engländer«, konstatiert Andrew Wilton.[75] Die Ereignisse der Französischen Revolution verliehen dem Szenario zudem ein blutiges Kolorit; doch auch William Hogarth hatte bereits Mitte des 18. Jahrhunderts in Wort und Bild das desolate Nachbarland geschildert:

> *Wenn jemand zum ersten Male von hier nach Frankreich fährt via Calais, wird er nicht vermeiden können, betroffen zu sein über das extrem veränderte Antlitz bei einer so kurzen Entfernung zu Dover: ein farcenhafter Kriegspomp, eine religiöse Zurschaustellung und sehr viel Hast bei sehr wenig Betrieb, kurz gesagt Armut, Sklaverei und Unverschämtheit bei geheuchelter Höflichkeit.*[76]

Auch Turner nutzte 1802, 27-jährig, die Gelegenheit, den Kontinent zu bereisen. Für ihn, den die Royal Academy – nach ebenso zielstrebigen wie langwierigen Bewerbungen, nach Umschmeichelungen und Bestechungen der Jury mit Aquarellen[77] – gerade als bis dato jüngstes Mitglied aufgenommen hatte, war die Tour von

Abb. 20: *Mole von Calais*, 1802

besonderer Bedeutung, denn als wirklich vollwertiger Künstler fühlen durfte man sich erst, wenn man das europäische Festland erkundet hatte. Da die Reise von einer Gruppe aristokratischer Förderer finanziert war, gab es zweifellos Erwartungen, zu denen ein ausgiebiges Studium des Louvre gehörte. Aber anderes lockte ihn offenbar mehr. Zwar machte er auf dem Hinweg kurz Station in Paris, wo er zumindest noch ein Skizzenbuch mit grauem Papier erwarb, reiste dann aber rasch weiter in die Schweiz, deren Gebirge ihm als dramatische Steigerung der pittoresken Landschaften seiner Heimat vorschwebten.

Bereits seine ersten Schritte auf dem Kontinent, auf dem Quai von Calais, erschienen ihm bildwürdig. Die bewegte Überfahrt

Abb. 21: *Teufelsbrücke, St.-Gotthard-Pass*, 1806-07

kann als Omen für weitere Abenteuer gelten. Turner ist hier scharfer Beobachter der prekären Situation. Dem aufgewühlten Meer entspricht die Gewitterfront, welche die Engländer in ihrer Nussschale über den Kanal getrieben hat. Die stürmische See macht das Anlanden am französischen Pier schwierig. Allerdings sowohl für die britischen Touristen, die dichtgedrängt auf dem Boot mit dunklem Segel ausharren, als auch für die einheimischen Fischer, die überwiegend in den Farben der Trikolore gekleidet wild durcheinanderrufen, gestikulieren, die Faust ballen. Andere putzen und sortieren längst ihren Fang, wieder andere sind im Hintergrund auf der weit hinaus geschwungenen hölzernen Mole unterwegs und scheinen das Spektakel als Schaulustige zu goutieren.

Seine dreimonatige Reise, beginnend am 15. Juli 1802, führte

Abb. 22: *Dornenkrönung nach Tizian*, 1802

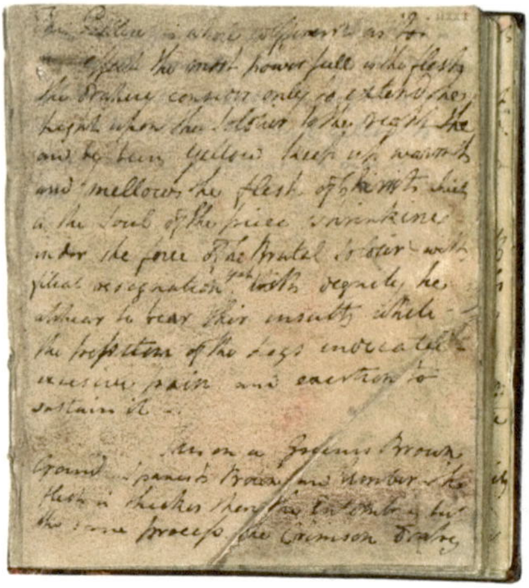

Abb. 23: Kommentar Turners zu Tizians *Dornenkrönung*

Turner unter anderem nach Paris, Lyon, an den Genfer See, nach Thun, Luzern, Zürich, Schaffhausen und Basel. Von seinen Gönnern beigesellt war ihm ein junger Mann, Newbey Lowson, der ihn in der Fremde unterstützen und wohl auch die Ausgaben des Künstlers überwachen sollte. Höhepunkt dieser Reise, nicht nur in topografischer Hinsicht, war die Überfahrt über den Vierwaldstättersee und die folgende Tour auf den Gotthard-Pass. Turner und sein Begleiter nahmen das Boot von Luzern durch die dramatischen Windungen des Sees bis Flüelen, um vermutlich von dort über Altdorf und Andermatt aufzusteigen.[78] Noch stärker als später mit seinen Rheinlandschaften hat Turner mit seinen Ansichten des Sees und des Passes zur Verwandlung der Region in eine Industrielandschaft beigetragen, in einen Standort der Tourismusindustrie.

Abb. 24: Tizian: *Dornenkrönung*, 1542-43

Erst auf dem Rückweg widmete er sich ausführlicher der französischen Hauptstadt, wo die durch Napoleons Raubzüge anwachsende Kunstsammlung des Louvre doch unerwartet starken Eindruck auf ihn machte. Zeichnend bahnte er sich seinen Weg, als gelte es, die Spur der Eindrücke akribisch zu materialisieren. Seine Skizzenbücher füllten sich mit Erinnerungsstudien aus dem Louvre und anderen Sammlungen,[79] die er durch schriftliche Farbangaben und gelegentlich ausführlichere Bildbeschreibungen ergänzte.

Die Gelegenheit, Kontakt zu britischen Künstlern zu suchen, die sich in Paris aufhielten, blieb ebenfalls nicht ungenutzt. Immerhin weilten Kapazitäten wie Heinrich Füssli, Martin Archer Shee und Joseph Farington in der französischen Hauptstadt, und in der Fremde war stets auf die britische Community Verlass.

Der reiche Schatz an Skizzen, den Turner nach Hause mitbrachte, war die Reisespesen allemal wert. Er diente ihm noch auf Jahre hinaus als bedeutende Quelle für Aquarelle, in denen er seine Impressionen farblich weiterentwickelte. Schließlich sollte seine Tour für die kommenden 15 Jahre auch die letzte auf den Kontinent sein, denn die unsicheren Jahre des Krieges waren noch nicht vorüber.

Die Flüchtigkeit seiner Skizzen beruhte nicht nur auf dem Wunsch, in kürzester Zeit möglichst viele anfertigen zu wollen, sondern auch in einer Erkenntnis, die Pierre-Henri de Valenciennes wenige Jahre zuvor so beschrieben hatte:

> *Wenn der Himmel mit Wolken bedeckt ist, die das ursprüngliche Licht völlig abfangen, bleibt das Tageslicht wie im Atelier mehr oder weniger dasselbe vom Morgen bis zum Abend. So hat man die Zeit, alle Details des Objektes, das man untersucht, auszuarbeiten und zu vollenden.*

Bei Sonne, Nebel, Wind oder Regen allerdings verändere sich das Licht und somit das Objekt schnell. Das, so Valenciennes, müsse als Argument genügen, »um zu beweisen, daß es absurd ist, wenn ein Künstler einen ganzen Tag eine einzige Ansicht nach der Natur kopiert«. Und er nennt auch gleich einen angemessenen Zeitraum: zwei Stunden. »Und wenn es um den Effekt der aufgehenden oder

Abb. 25: *Lawine in Graubünden*, 1810

Abb. 26: Philipp Jakob Loutherbourg: *Lawine in den Alpen*, 1803

untergehenden Sonne geht, darf man nicht mehr als eine halbe Stunde ansetzen.«[80] Kurz, der Künstler solle lediglich »marquettes«, flüchtige Skizzen, anfertigen, mit denen »die Natur auf frischer That erhascht wird«.[81] Nicht eine Verdichtung verschiedener Ereignisse zu einem Bild dürfe das Ziel des Künstlers sein – das sei eine Versündigung gegenüber der Wirklichkeit –, sondern lediglich die Wiedergabe des authentischen Augenblicks. Das ist, wie Werner Busch bemerkte, eine radikale Forderung nach einer Abkehr vom Idealismus in der Malerei.[82]

Einen anderen Ratschlag würde Turner erst Jahre später beherzigen, dafür hatte er auf dieser ersten Reise noch keine Muße, zu viele neue Eindrücke stürzten auf ihn ein. »Es ist gut, dieselbe Ansicht zu unterschiedlichen Tageszeiten zu malen, um die Unterschiede zu beobachten, die das Licht auf den Formen bewirkt. Die Veränderungen sind derart wahrnehmbar und erstaunlich, daß man nur mit Mühe dieselben Gegenstände wiedererkennt.«[83] Gerade auf Reisen sei es aber das Wichtigste, über ein trainiertes Gedächtnis zu verfügen, die schnelle Auffassungsgabe soll mit einer möglichst präzisen Erinnerung kombiniert sein.

> *Wenn man unterwegs ist, ist man nicht immer Herr der eigenen Zeit. Man durchfährt häufig bezaubernde Gegenden, und man kann nicht anhalten, um sie zu kopieren. Manchmal ereignet sich ein Gewitter, daß außerordentliche Effekte bewirkt, ein reizender Mondschein und all die raschen Phänomene der Natur, die man nicht sogleich aufnehmen kann, in Ermangelung der Hilfsmittel, um sie zu zeichnen.*

Wenn man sich nun eine frische Erinnerung bewahre, könne man sie bei nächster Gelegenheit festhalten und so ein Repertoire an

Eindrücken anlegen. Als Übung empfiehlt Valenciennes, ein Objekt einmal nach der Natur und das gleiche noch einmal aus der Erinnerung zu zeichnen, um die Ähnlichkeit zwischen Anschauung und Erinnerung vergleichen zu können.[84]

Auch wenn der ältere Kollege noch an der Trennung zwischen »paysage historique« und »paysage champêtre« festhielt, an der mythologisch verbrämten gegenüber der realen Natur, verlangte er auch für die mit historischer Bildung angereicherte Landschaft die genaue Beobachtung der Wirklichkeit.[85]

Das Hilfsmittel, dessen es hier ermangelte, war die Fotografie. Vielleicht ist es kein Zufall, dass sie in den kommenden Jahrzehnten während der Epoche der Romantik entwickelt wurde, in der flüchtige Naturphänomene hoch im Kurs standen und das Bedürfnis besonders ausgeprägt war, diese spontan festzuhalten.

Turner führt exemplarisch vor Augen, wovon Valenciennes spricht, wenn er eine Lichtstimmung über einem Wasserspiegel einfängt oder den Moment, in dem eine Lawine niedergeht. Prasselnder Regen, herabstürzende Schneemassen und fliegende Felsen, Bäume splittern, Häuser werden zerdrückt, wie klein das einzelne Lebewesen in dieser Naturexplosion ist, beweist eine graue Katze auf dem Dach. Turner ist auch hier mittendrin, scheinbar mehr als ein Augenzeuge, eher schon Beteiligter am Geschehen. Hatte er am Rand einer Skizze zu seiner Mole von Calais notiert: »fast gekentert«, so hätte er hier notieren können: »fast verschüttet«. Wäre der Begriff nicht anders besetzt, ließe sich von »Action painting« sprechen. Tatsächlich jedoch wird Turner das Ereignis auf seiner Reise nicht selbst beobachtet haben, sondern anschauliche Berichte über ein Lawinenunglück in Selva 1808, das 25 Menschen das Leben gekostet hatte, aufs Papier gebannt haben.

Verglichen mit dem imposanten Gemälde einer Lawine im Berner Oberland bei Lauterbrunnen von Loutherbourg – Turner war diesem oder einem ähnlichen Bild seines Lehrers schon bei Lord Egremont in Petworth begegnet –, wird das Unmittelbare der Auffassung besonders deutlich. Ungleich dramatischer ist die Darstellung Loutherbourgs, zugleich aber durch die perfekte Komposition »zivilisiert«. Der Himmel reißt auf und die Schnee- und Geröllawine bricht sich Bahn, als stürze sie aus dem Wolkenloch herab, eine Brücke splittert, drei Menschen und ein Hund zeigen unterschiedliche Reaktionen auf das Geschehen: Staunen, Flucht, Schrecken, Verzweiflung. Wie bei Turners wenige Jahre später entstandenem Werk kontrastieren die hellen Massen der Lawine mit der dunklen Silhouette der davorliegenden Formation, doch während solche Effekte bei Loutherbourg perfekt kalkuliert sind, das Chaos entlang einer Bilddiagonale kunstvoll arrangiert erscheint, wirkt die Lawine bei Turner als Produkt des Zufalls, spontan erfasst.

Im Katalog der Leicester Collection schrieb Richard Colt Hoare über Loutherbourgs Gemälde:

> *In diesem frappierenden Bilde erblicken wir mit Erstaunen und einem gewissen Grad von Schrecken eine jener großen Naturkatastrophen, welche die Alpengegenden der Schweiz beständig während der Schneeschmelze darbieten, und von denen kein Maler, außer einem Eingeborenen, eine hinreichende Vorstellung geben könnte.*[86]

Für Hoare ist Loutherbourg ein Kind der Alpen, das die Macht der Berge verinnerlicht hat. Turner dagegen bleibt der Passant, der im Vorübergehen Einrücke aufschnappt. Seine unbeschwerten, scheinbar intuitiven, oft flüchtigen Aquarellskizzen dienten ledig-

Abb. 27: *Brienzer See mit Ruine Ringgenberg*, um 1809

lich als Erinnerungsstützen. Auch seine Landschaftsstudien, wie die des Brienzer Sees, die unterwegs entstanden, waren nicht für öffentliche Präsentationen bestimmt. Erst die Nachwelt, erst das 20. Jahrhundert, entdeckte ihren Reiz und maß ihnen – geprägt vom Impressionismus und der Abstraktion – sogar größere Bedeutung bei als vielen ausgeführten und von Turner für die Öffentlichkeit bestimmten Werken. Kein Zweifel: Turner war in seinen Aquarellen seinem Schaffen in Öl lange Zeit voraus. Erst gegen Ende seines Lebens wird es ihm gelingen, auch in der Ölmalerei eine ebenbürtige Dynamik und Leichtigkeit zu entwickeln.[87] Die Lawine in Graubünden, in Öl gemalt, ist hier eine frühe Ausnahme.

TRIEBE UND SCHLACHTEN

Schon Ruskin und Armstrong merken an, Turner habe die Malerei in Öl nie wirklich gelernt. Gemälde vergangener Epochen dienten ihm auch hinsichtlich der handwerklichen Ausführung als Vorbilder. Zudem habe der Maler die Reaktion von Farbträgern auf Pigmente beziehungsweise die Wechselwirkung zwischen verschiedenen Pigmenten nie verstanden, oder zumindest selten berücksichtigt. Seine Experimente in Öl, die er von etwa 1795 an unternahm, färbten auch auf Turners Aquarelltechnik durch. So nutzte er statt eines weißen Untergrundes vermehrt farbige, meist blaue Papiere oder grundierte die Bildträger in lichtem Blau, Rosa, Gelb oder einem Braunton, in den er die feinen Details einritzte. Die Verwendung eines bereits blauen Papiers lässt sich durchaus als ökonomisch betrachten, kann der Künstler doch bei Wasser und Himmel gleich in die Details gehen und mit wenigen zusätzlichen Pinselstrichen »ausdrucksstarke Schnappschüsse vergänglicher Wettereffekte, von Stürmen, Sonnenuntergängen oder aufgewühlter See« schaffen.[88] Statt helle Partien auszusparen und sich nach und nach dunkleren Partien anzunähern, versuchte Turner sowohl in Öl als auch in seinen Aquarellen nun ebenso den umgekehrten Weg, indem er sich vom Dunkel ins Licht vorarbeitete.

»Er nahm zu Farben seine Zuflucht, von denen er wußte, daß sie nicht dauern würden«, schrieb Theodor Fontane und beklagte bereits Mitte der 1850er Jahre, dass sich die Farbgebung von Turners Werken über die Jahre, was alle Liebhaber der Kunst bedauern würden, die sie von früher kannten, extrem verändert habe. »Aber sein Hang nach jährlichen und rasch wiederkehrenden Triumphen war so groß, daß er nicht Anstand nahm, seinen Nachruhm dem Ruhm des Tages zu opfern.«[89] Für Ruskin waren Turners Werke die Krone der Malereigeschichte mit der ausdrücklichen Einschränkung, dieses Urteil gelte für den Augenblick, an dem sie in der Ausstellung der Royal Academy aufgehängt, genauer gesagt, nachdem sie dort fertiggestellt wurden. Denn Turner nutzte extensiv die sogenannten Varnishing Days, die Firnistage, an denen es Akademiemitgliedern gestattet war, an ihren bereits gehängten Exponaten letzte Korrekturen vorzunehmen und einen Firnis aufzutragen. Zeitgenossen allerdings berichten davon, Turner habe Bilder nicht nur in Details verändert, sondern vollkommen umgestaltet, um sie im Licht der Ausstellungsräume und in Abgrenzung zu benachbarten Werken optimal zur Geltung zu bringen.[90] Nicht erst Jahre, wie Fontane schreibt, sondern bereits Tage später allerdings begannen sie sich oft genug zu verändern, Risse zu bilden oder die Leuchtkraft der Farben zu verlieren. »No picture of Turner's is seen in perfection a month after it is painted«, beklagt Ruskin diesen Umstand.[91]

Seiner künstlerischen Lust am Experiment, die der Dauerhaftigkeit seiner Werke nicht immer zuträglich sein konnte, mag der Lebenswandel Turners entsprochen haben. Armstrong jedenfalls sah hier eine fatale Parallele, die er umgehend pathologisierte. Man sollte doch annehmen, so der Biograf, einem derart ambitionierten Mann, einem, der (angeblich) so großen Wert auf seinen Nachruhm legte, könne es nicht egal sein, was mit seinen Werken nach seinem Tod passiere. Doch nicht erst im Alter, angesichts nachlassender Kräfte, sondern bereits in jungen Jahren habe Turner erstaunlicherweise seine Werke verkommen lassen. Armstrong zieht hier die eingangs von Ruskin angedeutete dunkle Seite als maßgebliche Ursache heran: Turners Sinnlichkeit. Gerade weil nur eine frühe und unerfüllte Liebe Erwähnung fand – »Das Werben dauerte, bis Turner im Alter von etwa neunzehn Jahren in die Fremde ging, um seine Kunst zu studieren«[92] –, ließ sich umso besser über Turners Triebleben spekulieren, schließlich war er in einem Vergnügungsviertel aufgewachsen und hatte ausreichend Umgang mit polyamourösen Aristokraten und notorischen Bisexuellen.

> *Wir haben zahlreiche Beweise dafür, dass bei ihm die tierischen Neigungen ungewöhnlich stark waren. Seine Biografen erzählen seltsame Geschichten darüber, wie er seine Wochenenden verbrachte. Er hatte mancherlei Geliebte; und die Stapel von Skizzen, die er hinterlassen hat, zeugen gelegentlich von dunklen Abwegen seiner Gewohnheiten und seines Charakters,*

schrieb Armstrong nebulös, der Anfang des 20. Jahrhunderts offenbar ebenso diffuse Theorien der noch jungen Psychoanalyse aufgeschnappt hat. Selbstverständlich ist auch gleich eine Schuldige gefunden:

> *Diese peinlichen* Obsessionen *wurden wahrscheinlich von der unausgeglichenen, um nicht zu sagen verrückten Mutter geerbt. Sie sind Ursache für vieles, nicht nur in seinem Sozialverhalten, sondern auch in seiner Kunst, das seltsam und manchmal grotesk erscheint. […] Es ist durchaus möglich, dass wir, wäre die Psychologie eine sachkundigere und präzisere Wissenschaft, feststellen würden, dass die Heftigkeit der Farbe, in die Turner im Alter abglitt, mehr mit Anomalien seiner Phantasie zu tun hatte als mit irgendwelchen Veränderungen seiner Sehfähigkeit.*[93]

Was Armstrong genau mit »dunklen Abwegen« meint, darüber hüllt er sich in Schweigen. Mit sexuellen Praktiken jenseits des

Mainstreams und gesteigerter Triebhaftigkeit, wie sie Turner im Kreis seiner Freunde und Förderer begegneten, dürfte Turner wenig Berührungsängste gehabt haben. William Beckford ging recht offen mit seinen gleichgeschlechtlichen Neigungen um, während aus dem enthemmten Sexleben von Turners bedeutendstem Sammler, George Wyndham, Earl of Egremont, ungezählte Kinder hervorgingen, von denen er schließlich 43 als seine Nachkommen akzeptierte. Die angeblich so »zahlreichen Beweise«, inwieweit Turner solch »peinliche Obsessionen« selbst praktizierte, hat Armstrong mit ins Grab genommen. Falls es sie wirklich gegeben haben sollte, so wirft der Versuch, sie in Verbindung zu Turners Malstil zu bringen, vor allem ein Licht auf die moralische Befindlichkeit der Epoche seiner Biografen Thornbury und Armstrong.

Vielleicht störte sich Thornbury auch nur an der unehelichen Verbindung Turners mit Sarah Danby, mit welcher der Maler 1811 eine zweite Tochter, Giorgiana, hatte. Es gibt jedenfalls auch ganz andere Stimmen zu Turner, die seine »Fehler« in den Hintergrund treten lassen, wie die retrospektiven Zeilen Clara Wheelers, Tochter des Malers und Turner-Freundes William Frederick Wells, zeigen:

> *In seinem Wesen lag viel Gutes und Wertvolles verborgen, mehr als die Welt ahnt. Er hatte ein zärtliches und liebevolles Herz, wie es nur wenige Menschen besitzen. […] Ich weiß, daß er oft und ohne Murren [für wohltätige Zwecke] gespendet hat, aber er war keiner, der sich guter Taten rühmte. Ein weiterer Charakterzug, der hervorgehoben werden sollte, ist die Liberalität, mit der er die Arbeiten anderer Künstler betrachtete. Wenn er sie nicht loben konnte, war er rücksichtsvoll genug, gar keine Meinung zu äußern. Ich habe ihn nie auch nur eine Silbe schlecht über einen anderen Maler reden hören.*[94]

Abb. 28: *Männlicher Akt in Rückenlage*, 1799-1805

Abb. 29: *Weiblicher Akt*, liegend, 1809

Die Aufnahme in den Zirkel der Royal Academy gab Turner Auftrieb. Er hatte aus eigener Kraft den Schritt aus dem Halbschatten der Hinterhöfe ins Licht des großen Boulevards geschafft. Er leugnete keineswegs seine Herkunft, aber umso begieriger war er darauf, nun vollwertig in etablierten Kreisen zu verkehren. Die Mitgliedschaft bei den königlichen Künstlern verbunden mit der Erkundung der kontinentalen Kunstwelt war ohne Zweifel der entscheidende Schritt zum Ruhm. Seine erste Reise gen Süden hatte ihn euphorisiert und auch finanziell war er nun so erfolgreich, dass er seine neue Residenz in der Harley Street 64/Queen Anne's Street eigens für seine Werke durch eine Galerie von 21 × 6 Metern erweitern ließ,[95] die er am 18. April 1804, drei Tage nach dem Tod seiner Mutter, eröffnete.

Er hatte erkannt, dass das optische Durcheinander, die wahllose Dichte der Kunst an den Wänden sowie das Geschiebe und Getöse des Publikums in den Sälen während der Akademieausstellungen eine ernsthafte Würdigung der Werke unmöglich machten. In der exklusiven Atmosphäre seines privaten Showrooms konnte er das Arrangement der Werke selbst vornehmen, sie in seinen Augen maximal zur Geltung bringen und gezielt Kunden einladen.

Vielleicht war ihm die Idee zu diesem auf Anhieb erfolgreichen Novum auf seiner Reise in die Schweiz und nach Paris gekommen, jedenfalls waren die Aquarelle, die nach den Skizzen dieser Reise entstanden, Thema seiner ersten Präsentation. Im folgenden Jahr verzichtete er konsequenterweise auf eine Teilnahme an der Ausstellung der Royal Academy, rang sich dann aber offenbar doch zu dem Kompromiss durch, langfristig beide Ausstellungs-Optionen zu nutzen. Das Forum der Akademie nutzte er, um den Wettstreit zu suchen; mit seinen eigenen Räumen demonstrierte er zugleich seine Unabhängigkeit.

Einer seiner Sammler, John Leicester, war so angetan von Turners privater Präsentation, dass er ihn um Unterstützung bei der Einrichtung einer eigenen Galerie bat. In Turners Skizzenbüchern finden sich Überlegungen zur Hängung der exquisiten Privatsammlung seines Gönners. Leicester wiederum hatte Malunterricht bei Paul Sandby genommen und war als junger Mann mit Richard Colt Hoare in Italien und Frankreich unterwegs gewesen. So schließen sich einmal mehr die engen Kreise des überschaubaren Kunstzirkels der Britischen Inseln.

In seiner Galerie stellte Turner 1806 ein Gemälde aus, das ein Ereignis thematisierte, welches rückblickend als Wendepunkt für die gesamte Geschichte des 19. Jahrhunderts betrachtet werden sollte. Die fünfstündige Schlacht von Trafalgar am 21. Oktober 1805 ging in die Geschichte als bedeutendste Seeschlacht seit dem Sieg über die spanische Armada 1588 ein, torpedierte Napoleons Träume von einer Eroberung Englands und bestätigte die Vormacht der Briten als Seemacht auf den Weltmeeren für ein weiteres Jahrhundert. Der französische Kommandant Pierre de Villeneuve hatte 18 seiner Schiffe verloren, die britische Flotte offiziell kein einziges – wobei eine ganze Reihe auch auf britischer Seite so ramponiert waren, dass sie nur noch mit Mühe abgeschleppt werden konnten. Das minderte allerdings mitnichten den Siegestaumel der Insulaner.

Noch bevor von offizieller Seite an den staatlichen Auftrag beziehungsweise einen Wettbewerb für ein Schlachtengemälde gedacht wurde, hatte eine Reihe von Künstlern selbst die Initiative ergriffen. Darunter auch Turner, der das Geschehen in seinem Gemälde nicht aus mehr oder weniger großer Distanz und von einem Standpunkt auf Höhe des Meeresspiegels beobachtet, sondern den Betrachter an Bord des Flaggschiffs *Victory* versetzt, rechts in die

Takelage des Achtermastes beziehungsweise Besansegels mit Blick auf das Deck, wie es der Titel exakt beschreibt.[96]

Der genaue Verlauf der Schlacht war dem Publikum präsent und so legte auch Turner großen Wert auf eine historisch verbürgte Schilderung. Er war sogar extra nach Sheerness gefahren, um sich die *Victory* nach ihrer Rückkehr im Dezember 1805 anzusehen und zahlreiche Skizzen zu machen; schließlich wuchs der Anspruch an ein Historiengemälde zusehends, nicht nur eigene Triumphe so heroisch wie möglich, sondern auch so dokumentarisch korrekt wie möglich zu zeigen, vor allem, wenn der Ablauf des Geschehens in aller Munde war.[97] So vermeidet es Turner – anders als der eine Generation ältere und in Idealisierungen erprobte Kollege Benjamin West, der sich dadurch harscher und für ihn unerwarteter Kritik ausgesetzt sah – hier eindeutig den Tod Nelsons an Bord zu zeigen, weil allgemein bekannt war, dass der Vizeadmiral nach seiner Verwundung erst im weit weniger spektakulären Ambiente einer Kabine unter Deck sein Leben ausgehaucht hatte.

Wir werden in Turners Gemälde Zeugen jener Situation, in der die *Victory* die französische Linie zwischen der *Bucentaure* und der *Redoutable* durchbrochen hat, nach Beschuss des Hecks der links dargestellten *Bucentaure* diese außer Gefecht setzte und nun mit der sich von rechts nähernden *Redoutable* kollidiert. Bevor die britische *Temeraire* Minuten später die *Victory* rechts flankiert und die *Redoutable* von einem weiteren französischen Schiff, das ihr zu Hilfe kommt, abschneidet, trifft Horatio Nelson ein Schuss, abgefeuert von einem Mast der *Redoutable*, während links Matrosen als Zeichen des Sieges eine erbeutete französische Flagge ausbreiten. In Turners Bild sieht man noch den Rauch aus dem Lauf der Muskete, während Nelson bereits von seinen Leuten geborgen wird, um wenig später in den Armen von Kapitän Thomas Hardy zu sterben, nachdem dieser ihm seinen letzten Wunsch erfüllt hatte: »Kiss me, Hardy!«

Turner verdichtet hier das Geschehen weniger Minuten zu einem einzigen Kulminationsmoment: die kurz bevorstehende Kollision mit dem feindlichen Schiff, der Schuss, seine unmittelbaren Folgen an Deck der *Victory*, die Reaktion der Besatzung.

Für den bereits zuvor einarmigen und einseitig blinden Admiral[98] war die Schlacht von Trafalgar tödlich, für den Mythos Nelson war dieser Tod jedoch das Beste, was passieren konnte. Dass Nelson nicht nur siegend starb, sondern auch noch auf einem Schiff namens *Victory*, war dabei eine glückliche Fügung.

Turner hält in seinem Gemälde das Gleichgewicht zwischen dem individuellen Schicksal seines Helden und dem historischen Geschehen der Seeschlacht. Genauer gesagt, tritt beides gleichermaßen in den Hintergrund. Rauchwolken zwischen den Schiffen lassen zwar vermuten, dass die Begegnung nicht friedlicher Natur ist, und die Aufregung, die unter den Rotröcken an den Kanonen herrscht, lässt auf Alarmbereitschaft schließen, doch letztlich ist die Schlacht ebenso marginal wie die winzige Figurengruppe um Nelson. Nur wenige kümmern sich um den getroffenen Admiral, alle anderen tun, was getan werden muss. »England expects that every man will do his duty«, hatte Nelson eine Stunde zuvor via Flaggensignal an alle verkünden lassen. Daran scheint sich die Besatzung nun zu halten.

Die gesamte obere Hälfte des Gemäldes besteht aus Segeln in allen denkbaren Schattierungen und Bewegungen. Indem Turner sie links und rechts angeschnitten zeigt, wird klar, dass wir hier nur einen Ausschnitt – wenn auch den zentralen Ausschnitt – des gesamten Schlachtgeschehens vor Augen haben. Die Segel wirken

Abb. 30: *Die Schlacht von Trafalgar, gesehen vom Achtermast der Steuerbordseite auf der Victory*, 1806-08

nicht nur wie eine Stafette von Angreifern, sondern zugleich wie eine Choreografie, ein Aufmarsch, eine Trauergesellschaft, die sich interagierend dem Ort nähert, an dem der Admiral aus dem Leben schied und auf dem Matrosen bereits dabei sind, das Segel auf Halbmast zu setzen. Dieses Defilee wirkt wie ein Vorgriff auf das, was den Leichnam Nelsons – gut konserviert in einem Branntweinfass nach England überführt – in der Heimat erwarten wird: Zunächst für drei Tage in der *Painted Hall* des Old Royal Naval College in Greenwich aufgebahrt, wird er per Schiff nach London gebracht, wo ihm Anfang Januar 1806 ein Staatsbegräbnis zuteilwird. 32 Admiräle, über hundert Kapitäne und zehntausend Soldaten begleiteten den Sarg zur St Paul's Cathedral.

In Turners Bild, das unter dem direkten Eindruck der pompösen Apotheose Nelsons entstanden ist, wirkt die Gruppe zu Füßen des Hauptmastes wie aus dem um sie herum tobenden Geschehen isoliert. Auch wenn sie keinen Toten zeigt, so nimmt sie doch den nahen Tod vorweg, indem sie motivisch auf die traditionelle Darstellung einer Kreuzabnahme beziehungsweise Beweinung oder Grablegung zurückgreift, wobei der Schiffsmast hier die Position des Kreuzes einnimmt. Bei einem Dreimaster wie der *Victory* mag man gar an Golgatha denken, jenen Ort, an dem Christus sterbend zum Erlöser der Menschheit wird.

Eine *Grablegung* Tizians hatte Turner 1802 im Louvre kopiert, dort wird er auch Caravaggios berühmtes Bild zum Thema gesehen haben, das napoleonische Truppen 1797 nach Paris entführt hatten; Joos van Cleves wunderbare *Beweinung* dagegen kam erst 1813 in den Louvre. Spätestens seit Dürers Holzschnitten gehörte die auf unterschiedliche Weise trauernde Gruppe um einen Leichnam jedoch ohnehin zum allgemein vertrauten Repertoire der Kunstgeschichte.

HERR PROFESSOR

1807 wurde William Turner Professor für Perspektive an der Royal Academy, 1811 begann er dort zu unterrichten. Womöglich schien es ihm seinem neuen Stand angemessen, neben einer Stadtresidenz auch einen, wenn auch bescheidenen, Landsitz sein Eigen zu nennen. Ideal, um Abstand zu nehmen und um seinem Vater einen beschaulichen Alterssitz zu schaffen. Also wurde Turner von etwa 1809 an als sein eigener Architekt tätig und schuf – unterstützt durch seinen Freund John Soane – bis 1813 auf einem weitläufigen Grundstück über der Themse bei Twickenham seine Sandycombe Lodge. In seinen Skizzenbüchern lassen sich der Fortgang der Planungen und die Bauarbeiten verfolgen. Doch wie es sich nicht selten mit Wochenendhäusern verhält, die Fahrt dahin ist lästig und es gibt zu viel in der Stadt zu erledigen. Mit neuen Möglichkeiten des Reisens nach Ende der napoleonischen Herrschaft zog es Turner dann allerdings zusehends in die Ferne, und als sich schließlich der Gesundheitszustand seines Vaters so weit verschlechterte, dass ein bequemeres Leben in der City vernünftig erschien, verkaufte Turner das Haus 1826 wieder.

Der erneute Ausflug in die Architektur hatte ihm jedoch gutgetan, sein Selbstwertgefühl war weiter gestärkt und das Ergebnis erfüllte ihn immerhin so weit mit Stolz, dass er die Vervielfältigung der Ansicht seines Hauses für angebracht hielt. Er war 38 Jahre alt und hatte es bis dato weit gebracht.

»Die Akademie hat früh seinen Genius erkannt, er war nahezu ein halbes Jahrhundert Akademiker. Er hat weder einen Scheck erhal-

Abb. 31: Stich von W. B. Cooke nach William Howell: *Sandycombe Lodge, Twickenham*, 1814

ten noch eine Kränkung durch die Royal Academy erfahren und war einem Gremium dankbar, das stets sein Freund war«,[99] schrieb Thornbury. »Er fühlte für sie jene Zuneigung, die ein Kind seiner Mutter entgegenbringt, denn sein großes Herz war sehr empfänglich für Dankbarkeit.«[100]

Die neue Aufgabe als Professor für Perspektive veranlasste ihn, sich eingehender mit theoretischen Schriften zu befassen, sich die Ausführungen in Skizzen anschaulich zu machen und zugleich eigene Gedanken niederzuschreiben.

Er nahm seine Berufung offensichtlich sehr ernst und studierte intensiv internationale Lehrbücher – vor allem aus der Renaissance – zur Kunst, besonders zur Perspektivdarstellung, verschiedener Autoren, darunter Le Viator (Jean Pélerin)[101], Albrecht Dürer[102], Jean Cousin[103], Heinrich Lautensack[104], Daniele Barbaro[105], Giovanni Paolo Lomazzo[106], Lorenzo Sirigatti[107], Guidobaldo del Monte[108], Salomon de Caus[109], Pietro Accolti[110] und Giulio Troili[111].

Seine Skizzenbücher füllten sich zusehends auch mit Schriftlichem und Studienblättern, anhand derer er die Aufmerksamkeit seiner Studenten auf Perspektivkonstruktionen, Schattenwurf oder auf die Reflexe in Glas, Wasser oder Metall lenkte. Dabei wollte er nicht nur einfache optische Effekte vermitteln – etwa die Spiegelung eines Salons mit drei Fenstern in einer polierten Metallkugel –, sondern demonstrierte auch gleich, was geschieht, wenn sich zwei nebeneinanderliegende Kugeln zusätzlich noch ineinander spiegeln. Turners akribischer Vorbereitung für seine Studenten standen ein wenig seine rhetorischen Fähigkeiten entgegen, dessen war er sich auch selbst bewusst. Nichtsdestoweniger wurde der 2020 in Umlauf gebrachten Zwanzig-Pfund-Note mit seinem Selbstbildnis ein Zitat aus einer seiner Vorlesungen aus dem Jahr 1818 beigefügt: »Light is therefore colour«. (Der Humor scheint unfreiwillig, ausgerechnet dem geizigen Turner eine Banknote zu widmen.)

Eines der zentralen Resultate seiner Vorlesungen über Lichtwirkung ist Folgendes: Für manches mag es Regeln geben, etwa für die Reflexion von Licht auf rauen oder polierten Flächen, spätestens aber beim Wasser sind alle Worte, welche die unendliche Vielfalt der Lichteffekte beschreiben möchten, vergeblich. Wasser spielt mit den Farben und lebt von der Bewegung, gemeinsam erzeugen sie eine »unendliche Mannigfaltigkeit unendlicher Widersprüche«. Da helfe nur noch die persönliche Anschauung, der Blick auf die Natur: »Obgleich wir uns durch Hilfe von Regeln Unterstützung erhoffen mögen, muss der Geist dort für sich selbst arbeiten, wo gegebene Regeln jenseits von allgemeinen theoretischen Ableitungen nutzlos wären.«[112] Und spätestens beim Wasser wird es so individuell, dass generalisierende Formeln nicht nur zu naturfernen Resultaten führen, sondern von der Wirklichkeit gänzlich außer Kraft gesetzt werden. Zugleich zeigt die Formulie-

Abb. 32: *Spiegelungen in Metallkugeln für Turners 5. Vorlesung*, ca. 1810

rung Turners, dass er Regeln als unzureichenden Ersatz für eigenes Denken empfindet.

Möglicherweise inspiriert durch seinen Kollegen an der Royal Academy Martin Archer Shee, der 1809 sein Werk *Elements of Art* publizierte, notierte Turner um dieselbe Zeit unter dem Titel *Notes on Painting in Relation to Poetry* eigene Überlegungen: Der Maler müsse sich an die Wahrheit der Natur halten, alles, was er erschaffe, sei untrennbar mit dem Sichtbaren verbunden, während der Dichter aus seiner Phantasie schöpfen und frei erfinden könne.[113] Der Kosmos des Dichters ist damit weiter, der Maler muss sich dagegen an die Grenzen halten, die ihm die Natur aufzeigt.

»Turner war in akademischen Angelegenheiten im Wesentlichen konservativ.«[114] Über die Phänomene der Natur mit den Mitteln der Malerei hinauszugehen, lag entsprechend jenseits seines

Vorstellungshorizonts. »Turners Originalität war nie radikal«, teilte Armstrong Thornburys Sicht zumindest im Hinblick auf Turners Frühwerk. »Während seiner gesamten Jugend und frühen Reife schuf er Dinge, die kaum das gewesen wären, was sie waren, hätten nicht andere vor ihm gelebt. Viele vergleichsweise unbedeutende Künstler zeigten mehr Erfindungsreichtum, um darauf eine Eigenständigkeit zu gründen.«[115]

Konventionell oder nicht, es war Turners Bestreben, seine Bilder zu verkaufen. Doch Künstler sollten mehr sein als Hersteller einer marktkonformen Ware, ihre Bedeutung von nationaler Tragweite galt es ins allgemeine Bewusstsein zu bringen. So ist Martin Archer Shees Versuch einer erneuten gesellschaftlichen Aufwertung des Künstlers ganz in Turners Sinne. Dazu rekurrierte sein Kollege auf die Antike und den Stellenwert, der damals dem Kreativen eingeräumt worden sei. Der Künstler wird auf diese Weise zur maßgeblichen Instanz sozialer Befindlichkeit:

> *Ein reiner Geschmack steht in der ersten Reihe nationalen Nutzens, er ist ein Talisman, der jedes Ding schmückt, das er berührt, und der jedes Ding berührt, das sich im magischen Umkreis seines Einflusses befindet. Nichts ist zu hoch, um sich seinem Einfluss entziehen zu können, oder zu tief, um sich seiner Beachtung zu entziehen. Und während er mit dem Dichter oder Maler auf die Schwingen des Feuers zu den höchsten Höhen der Erfindung steigt, steigt er mit bescheidenem Fleiß zum Mechaniker an Amboss und Webstuhl hinab.*[116]

In der Antike habe man eine wirkliche, tiefe Sensibilität für die Bedeutung der Maler und Bildhauer besessen. »Man hielt sie nicht für bloße Gesandte eleganter Vergnügungen, für neugierige Lieferanten intellektueller Köstlichkeiten für den luxuriösen Gaumen der Sinnlichkeit, sondern für die effektivsten Agenten des moralisch Guten und der technischen Verbesserung, für die wahren Wohltäter der Gesellschaft.«[117]

Als avanciertem Akademiker war es für ihn praktisch unumgänglich, sich auch an Historienbildern und Mythologie zu versuchen. Inspiriert durch das einzige zu Lebzeiten ausgestellte und heute verschollene Ölgemälde des jung verstorbenen Kollegen John Robert Cozens, *Hannibal und seine Armee überqueren die Alpen*, versuchte sich auch Turner an diesem Sujet, wobei er sich seine Wettererfahrungen aus den Alpen und eventuell auch aus England in Erinnerung rief.

Turner präsentierte mit seinem Hannibal ein Historiengemälde, bei dem sich nicht nur die Materie des Gebirges im Sturm aufzulösen scheint, sondern in dem sich auch der historische Gegenstand verflüchtigt.[118] Dass die Armee zur winzigen Randerscheinung in einem Naturspektakel unter blasser Sonne wird, welches die Unternehmung als Fiasko erscheinen lässt, mag politisch zu deuten sein, wenn man die Punischen mit den Napoleonischen Kriegen und Hannibal mit Napoleon gleichsetzt und das Bild als visuellen Kommentar zu dessen sich anbahnendem Russland-Desaster betrachtet.

Einen verbalen Kommentar hat Turner wieder einmal in Form von Gedichtzeilen beigefügt, hier erstmals eigenen, mit denen er nicht nur das Zusammenwirken von Sprache und Bild verdeutlichte, sondern auch sein Wissen über das Volk der Salasser, die Plünderung Sagunts und Capua als legendäre Stadt der Lüste einfließen ließ:

Abb. 33: *Hannibal überquert die Alpen*, 1812

List, Verrat, Betrug – Die Stärke der Salasser
erdrosselte die ohnmächtige Nachhut! Dann packte
Sieger wie Gefangene die Gier. Sagunts Plünderung
wurde zu ihrer Beute. Doch weiter stieß der Feldherr vor,
Schaute hoffnungsvoll zur Sonne – niedrig, vage und fahl;
Derweil im Zeichen des grimmigen Schützen das erlöschende Jahr
Italiens bleiche Schwelle mit Stürmen färbte.
Vergebens zog man weiter, blutbefleckt von Toten,
gleich Felsentrümmern rollte die Zerstörung voran.
Bis zu den fruchtbaren Ebenen der Campania – dachte er,
Jedoch der Wind heulte gellend: Hüte dich vor Capuas Wonnen![119]

Der moderne Hannibal ist nicht mehr der triumphale, formatfüllende Alpenbezwinger, wie ihn Jacques-Louis David ein Jahrzehnt zuvor zeigte und wie ihn Turner in Davids Atelier 1802 gesehen hatte, sondern wird im chaotischen Getümmel der Armee selbst auf einem Elefanten reitend praktisch unsichtbar. Die Scharmützel mit Alpenbewohnern tun ein Übriges, um die Szene kläglich erscheinen zu lassen.

Im Jahr zuvor hatte Turner bereits ein mythologisches Thema in der Royal Academy ausgestellt, das den Kampf zwischen Gut und Böse explizit auf den Punkt bringt. Apollon, der Sonnengott und Lichtbringer, besiegt Python, die schlammgeborene Schlange. Die Verfolgung von Apollons Mutter Leto durch Python, der einst im Auftrag der stets eifersüchtigen Hera die schwangere Geliebte ihres Mannes Zeus jagte, muss gesühnt werden. Nun ist der Moment der Vergeltung gekommen. Apollon, die personifizierte Heilkraft der Künste, triumphiert über das Ungeheuer, Brut der Gaia, die ihrerseits aus dem Ur-Chaos geboren wurde. Und Apollon ist nicht zufällig auch der Gott der Weissagung, der Orakel und Prognosen, die zu Turners Zeiten hoch im Kurs standen. Die Zeitgenossen dürften auch hier die Verbindung zur politischen Lage schnell erkannt haben, denn die Botschaft ist leicht verständlich: Napoleon muss besiegt werden und die Künste werden dazu ihren Beitrag leisten. Doch bei genauerem Hinsehen kriecht aus dem sterbenden Rumpf des Python eine kleine Schlange – die nächste Generation, der gerade geborene Napoleon II.?

Aus den frühen 1830er Jahren stammt eine Einschätzung Turners durch seinen deutschen Kollegen Johann David Passavant, dem Turners künstlerische Entwicklung als etwas überspannt, etwas bizarr, ein wenig als Marotte erschien, auf eine Weise als typisch britisch. Turner sei »der genialste unter den Landschaftsmalern, allein er ist so extravagant, vernachlässigt die Form dermaßen, daß selbst die Engländer voll Entzücken und Erstaunen vor seinen Bildern wie vor Luftgebilden stehen, aber doch solche Waare nur selten kaufen mögen«.[120]

Auch Thornbury paraphrasiert Kunstmarkt und Käuferschichten und kommt hinsichtlich Turner zu einem ähnlichen Ergebnis, meint aber die Ursache für die Ablehnung namentlich festmachen zu können:

> *Er verkaufte nicht oft seine Ölgemälde. Sie wurden von der Aristokratie und trendhörigen Kunstkäufern nicht nachgefragt und geschätzt, mit wenigen Ausnahmen, wie Lord Egremont von Petworth, Lord Yarborough, Sir John Leicester and Lord Ellesmere. Die Ursache dafür kann hauptsächlich auf den Einfluss und die ausschließliche Vorliebe von Sir George Beaumont (einem Amateurkünstler) für die Werke und Bilder von Claude zurückgeführt werden. Auf Sir George blickten die trendhörigen Patrone wie auf ein Geschmacksorakel.*[121]

George Beaumont, der sich später um die Gründung der National Gallery verdient machte, war in jungen Jahren mit Thomas Hearne befreundet, einem talentierten Landschaftsmaler, der wie Turner einen entscheidenden Abschnitt seiner Entwicklungszeit zum Künstler in der Maiden Lane in Covent Garden verbracht hatte. Zur topografischen Erfassung bedeutender Orte bereiste Hearne mit Beaumont in den 1770er Jahren England und Schottland. Hearne begeisterte sich auf diesen Touren besonders für gotische Architektur und machte sich um deren wachsende Wertschätzung verdient.

Abb. 34: *Ein klassischer Hafen*, 1805

Neben Zeichnungen als Vorlagen für ein Konvolut an Stichen entstanden auch zahlreiche Aquarelle, wobei eine klare Verortung der Motive den dokumentarischen Anspruch unterstreicht.

Auch Beaumont hatte Kunstunterricht – bei Alexander Cozens – genommen, hatte auf der Grand Tour die sogenannten Alten Meister für sich entdeckt und mit eher bescheidenen Mitteln angefangen zu sammeln. Sein absoluter Favorit – Thornbury berichtet, Beaumont habe solche Angst um die Sicherheit des Gemäldes gehabt, dass er es sogar auf Reisen stets bei sich trug[122] – war Claude Lorrains *Landschaft mit Hagar und dem Engel*. Im Austausch mit William Wordsworth und Uvedale Price, dessen Essay über das Pittoreske, das zwischen dem Schönen und dem Erhabenen angesiedelt sei, heiß diskutiert wurde, etablierte sich Beaumont als maßgebliche Instanz in einflussreichen Gremien wie der *British Institution for Promoting the Fine Arts in the United Kingdom*. Dabei verfocht er – entsprechend seinen politisch-konservativen Ansichten als Abgeordneter der Tories – auch in Geschmacksfragen eine überkommene Haltung, die Reynolds als Leitfaden empfahl und Turner ablehnte, dessen Werke ihm bereits in jungen Jahren als Produkte eines alten Mannes erschienen, bei dem es Ansätze zu Ideen gebe, der jedoch die Kraft zur Ausführung verloren habe.[123]

DER BEGINN, TURNER ZU SEIN

Sicher war es auch die Ablehnung Beaumonts, die Turner veranlasste, der National Gallery zwei seiner Gemälde zu vermachen unter der Auflage, sie dauerhaft neben Werken von Claude Lorrain aufzuhängen, auf dass sich die Nachwelt selbst ein Urteil über die Qualitäten beider Meister bilden möge.[124] Es handelt sich um *Dido erbaut Karthago* und um *Sonnenaufgang durch Nebel*. Das große Vorbild Claude war noch immer der Maßstab und Turner wählte keineswegs eines seiner späten dynamischen Gemälde aus, um sich mit dem Vorbild zu messen und zugleich zu zeigen, was er stilistisch hinter sich gelassen hatte, sondern er wünschte sich das Vergleichbare, um nicht seine Andersartigkeit, sondern vor allem seine Ebenbürtigkeit unter Beweis zu stellen.

»Lange bescheidet er sich, stellt sich unter die Nachfolger des Lichtmalers par excellence, studirt, analysirt, copirt Claude Lorrain, nimmt vollkommen dessen Stil an, malt Bilder, die Claude an Grossartigkeit und Leuchtkraft der Farbe todtschlagen«, meint Richard Muther[125] und Theodor Fontane gibt bereits sechs Jahre nach Turners Tod zu bedenken: »Jenes begeisterte Lob und jener entrüstungsvolle Tadel, die sich ein Vierteljahrhundert hindurch in unzähligen Artikeln bekämpften, würden nie laut geworden sein«, wäre Turner beim Stil seines Frühwerks geblieben. »Seine ersten Sachen bieten nichts Charakteristisches«, doch um 1817 habe es einen Wendepunkt gegeben.

Es scheint, daß er um diese Zeit, sei es durch Freund oder Feind, darauf hingewiesen wurde, daß selbst das Beste was er geschaffen habe, keinen Vergleich mit den Landschaften Claude's ertragen könne und daß die Werke des letzteren nach wie vor ein unerreichbares Vorbild seien. Verzehrt von einem brennenden Ehrgeiz (der bis zum höchsten Alter des Künstlers aushielt) und begierig nach dem ersten Preis, nahm Turner den hingeworfenen Handschuh auf und erschien auf den zwei nächsten Ausstellungen mit Tableaux, die berechtigte Seitenstücke zum Claude Lorrain oder richtiger ins Turnersche übersetzte Claude's sein sollten.[126]

Was Fontane meint, wird angesichts von Claudes Gemälde *Hafen mit Einschiffung der Königin von Saba* und Turners *Dido erbaut Karthago* deutlich.

Die Bildtitel scheinen bei beiden Gemälden eher Behauptung. Sowohl bei Claude als auch bei Turner sind sie lediglich ein Manöver, Landschaften in Historiengemälde zu verwandeln. Behauptet wird jeweils ein Vorgang, hier ein Abschied, dort die Errichtung einer Stadt, doch dienen die vorgeblichen Sujets eher als Anlass, Hafenszenen mit antikischer Architektur auszustaffieren. Bei Claude Lorrain wird zumindest noch prominent eine Kiste verladen, bei Turner dagegen ist das Thema, die Bautätigkeit, gänzlich in den Hintergrund gerückt. Die Beliebigkeit der Mythologie verdeutlicht auch schon Turners lapidare Anmerkung in einer Aquarellskizze zum Thema: »Jason: arrival at Colchis | Olysses: [arrival at] Cryse.« Dieselbe Szenerie könnte also ebenso gut noch für zwei weitere mythologische Sujets herhalten. Die Handlung war – ähnlich wie bei der starren Bühne des antiken Theaters – beliebig austauschbar. In der Architekturkulisse ließ sich, wie auf einer Bühne, ebenso gut der Raub des Goldenen Vlieses durch die Argonauten

Abb. 35: Claude Lorrain: *Hafen mit Einschiffung der Königin von Saba*, 1648

Abb. 36: *Dido erbaut Karthago*, 1815

als auch die Freilassung der durch die Griechen entführten Chryseis inszenieren. Im Unterschied zum Theater war bei Turner die Kulisse das Maßgebliche und das Geschehen lediglich Beiwerk.

Rekurriert Claude in seinem Bild der Königin von Saba auf die *Bibel* und die Reise einer orientalischen Königin an den Hof Salomons in Jerusalem, so bemüht Turner nun die *Aeneis* des Virgil. Dido floh an die Küste Nordafrikas und errichtete dort Karthago, nachdem ihr Bruder ihren Ehemann Sichaeus ermordet hatte. Trotz eines Gelübdes, ihrem Gatten über den Tod hinaus treu zu bleiben, verliebt sie sich in Äneas, der als hilfsbedürftiger Schiffbrüchiger an ihren Gestaden angespült worden war. Eine Legende, die spätestens seit Marlows Drama *Dido, Queen of Carthage* und Purcells Oper *Dido and Aeneas* zum britischen Bildungsgut gehörte. In Turners Gemälde sind die Repräsentationsbauten bereits fertiggestellt, rechts ein Tempel hoch oben auf einem Felsen, ein weiterer mit Opferaltären am Wasser und im Vordergrund das Grabmal für Sichaeus, das – neben einer Inschrift mit seinem Namen – auch ein Fries schmückt, der seine Ermordung darstellt. Dido ist auf der anderen Seite des Hafens beschäftigt. In blauem Kleid, entsprechend der Farbe der Bootsflaggen, gibt sie einigen Männern Anweisungen, die Baupläne studieren, während eine Gruppe Kinder Miniaturschiffe zu Wasser lässt und so bereits für die Zukunft einer Seefahrernation übt. Im Hintergrund, vor der in Dunst getauchten Landschaft, zeichnet sich noch die Zitadelle Byrsa ab, die Turner als neuzeitliche Festung mit Geschütztürmen interpretiert. Es ist eine Szenerie voller Details, kleiner Einfälle, die zum Entdecken und Verharren einladen.

In acht der elf Gemälde, in denen Turner sich mit der *Aeneis* auseinandersetzt, bezieht er sich auf jene mythologische Königin von Karthago, die Selbstmord begeht, nachdem Äneas seine Reise

Abb. 37: *Der Untergang Karthagos*, 1817 ausgestellt

gen Italien fortgesetzt hat. Die Geschichte birgt eine doppelte Tragik, denn Äneas begründet dort die Stadt Rom, Keimzelle jenes Reiches, das, zur Weltmacht gewachsen, Karthago zerstören wird. Das persönliche Schicksal wiederholt sich so im Schicksal eines ganzen Imperiums.

Der Abschied des Äneas von Karthago ist aber auch ein Sinnbild für die Notwendigkeit, das liebgewordene Vertraute zu verlassen und dem Ruf der Götter zu folgen, um etwas eigenes Neues kreieren zu können.

Verschiedene Quellen berichten davon, Turner habe gegen Ende seines Lebens verlautbaren lassen, er wolle in seinem Karthago-Gemälde beigesetzt werden, mit der Leinwand als seinem Leichentuch.[127]

Zwei Jahre später entstand, quasi als Pendant, *Der Untergang Karthagos*, eine weitere Hafenszene, die Fontane vor Augen hatte, als er seine Zeilen über Turner schrieb. Das bevorstehende Ende wird vor allem in der Präsenz der untergehenden Sonne angedeutet, sonst gibt es wenig Hinweise auf einen Niedergang, es sei denn, man interpretiert die verschiedenen Menschengruppen als teils resignierte, teils in Diskussionen begriffene und auf die Zerstörung Wartende.

Das zweite, noch ältere Werk, das Turner in Gesellschaft Claude Lorrains zu sehen wünschte, war *Sonnenaufgang durch Nebel* aus dem Jahr 1807. Erneut ist es, neben der atmosphärischen Wirkung des Gegenlichts, der Detailreichtum, der für das Werk einnimmt. Geschildert wird die Einfahrt der Fischerboote am frühen Morgen, das Ausladen und die unmittelbare Verarbeitung am Strand. Einige Fischer haben schon auf den Fang angestoßen und oben auf dem Pier findet die Ware erste Abnehmer. Im Kontrast mit dem geschäftigen Treiben steht die schimmernde Stille des Meeres mit seinen Reflexen und Spiegelungen. Vier große Schiffe erschließen die räumliche Tiefe des Bildes, die Farbigkeit weicht zum Horizont hin einem Blaugrau, welches Meer, Wolken und Schiffe einander angleicht. Nur die Sonne bricht warm aus diesem kühlen Grau hervor und bringt den teilweise transparenten Stoff der Segel auf den Fischerbooten zum Leuchten.

Turner liebte das Bild ganz besonders. Verkauft hatte er es an John Leicester. Als dessen Nachlass jedoch 1827 unter den Hammer kam, ersteigerte er das Bild zu einem Preis, der über dem einstigen Verkaufspreis lag, um es wieder in seinen Besitz zu bringen. Es ist hier wohl weniger die Rivalität mit Claude Lorrain, die Turner veranlasste, das Werk der National Gallery in Aussicht zu stellen, sondern der Beweis, dass er es ganz nebenbei auch mit den Holländern – mit Malern wie Willem van de Velde, Aelbert Cuyp oder der Familie Peeters – aufnehmen konnte.

Mit dem großen Vorbild Claude jedenfalls hatte er jetzt abgeschlossen. »Erst in der Stunde, wo man ihm sagt: Sie sind der wahre Claude Lorrain, antwortet er: Jetzt verlasse ich die Schule und beginne Turner zu sein«, so Muther.[128]

1822, auf der Höhe seiner gesellschaftlichen Reputation, erhielt Turner den offiziellen Auftrag, die Schlacht von Trafalgar noch einmal zu malen. Sein Freund und Akademiedirektor Thomas Lawrence hatte ihn empfohlen. Turner sollte einen Beitrag zu einer Serie von Schlachtenszenen zum Schmuck des St James's Palace liefern.[129] Vielleicht hatte er den Rat bekommen, das Thema nun etwas konventioneller anzugehen, vielleicht hatte er sich selbst in postumer Gesellschaft von Philipp Jakob Loutherbourg einem akademischeren Ansatz verschrieben; das Ergebnis jedenfalls offenbart, wie sehr er bemüht sein konnte, Erwartungen zu erfüllen – und damit, wie in diesem Fall, auch einmal vollkommen danebenzuliegen.

Es ist geradezu erschütternd, wie er sich im größten all seiner Gemälde (260 × 335 cm), an dem er zwei Jahre lang arbeitete, der Konfektion des Genres anbiederte und offensichtlich einmal mehr versuchte, ein Vorbild in den Schatten zu stellen.

Bei starkem Wind mit gesetzten, teilweise zerschossenen Segeln zeigt sich die Marine. Das Schlachtgeschehen wird dabei zugunsten von dramatischen Einzelschicksalen in den Hintergrund gerückt. Das alles bietet auch Loutherbourg. Doch Turners Himmel ist stürmischer, die Segel sind wilder gebläht, die Männer auf dem Rettungsboot wirken verzweifelter.

Aber hatte Turner hier vielleicht doch an entscheidender Stelle

Abb. 38: Willem van de Velde: *Holländische Boote auf stiller See*, um 1660

Abb. 39: *Sonnenaufgang durch Nebel*, 1807

falsche Akzente gesetzt? Wollte man als Auftraggeber von Darstellungen glorreicher Triumphe dieses Elend wirklich sehen? Die britische Flagge über einem havarierenden Rettungsboot? War Turner so naiv oder hatte er gedacht, er könne diesen »Realismus« unbemerkt in das sonst so konventionelle Bild einschmuggeln?

Doch darin liegt nicht das einzige Problem der Darstellung. Sind bei Loutherbourg zwei Schiffe in Konfrontation zu sehen, zeigt Turner im Grunde nur eines; zeigte Loutherbourg das Besondere seiner Seeschlacht, die Strategie des Kommandanten, individuell aus der Nähe den Kampf eins gegen eins aufzunehmen, statt aus einer geschlossenen Formation heraus auf Distanz die gegnerische Flotte zu beschießen, so ist bei Turner so gut wie nichts von einem Gefecht zu erkennen. Stattdessen scheint er sich im Wesentlichen damit zu begnügen, das Flaggschiff in all seiner Pracht in einer Art Gloriole zu präsentieren und somit eher ein Kapitänsbild anstelle eines Schlachtengemäldes zu liefern.

All seine Bemühungen um eine wahrheitsgetreue Darstellung, für die er sich sogar Baupläne des Schiffes und eine Ansicht des Marinemalers John Christian Schetky besorgte, scheiterten dennoch vorgeblich wegen Mangels an Genauigkeit, doch zwischen den Zeilen wird deutlich, dass Komposition und Botschaft nicht dazu beitrugen, das Gemälde beliebter zu machen. Sein Verbleib im St James's Palace war nur von kurzer Dauer; 1829 nutzte Georg IV. die anhaltende Kritik als Gelegenheit, sich gleich beider Gemälde, Loutherbourgs und Turners, zu entledigen. Sie verschwanden hinter den Mauern des Greenwich Hospitals, Seniorenresidenz für Angehörige der Royal Navy.

Bereits zuvor hatte man Admiral-Nelson-Säulen errichtet, 1817 auch in Yarmouth. Waren Schlachtengemälde Momentaufnahmen, wenn auch festgehalten für eine relative Ewigkeit, so entrückte ein solches Denkmal den Helden dem Augenblick und würdigte ihn nicht nur wegen eines Ereignisses, sondern als Persönlichkeit. Turner schuf Mitte der 1820er Jahre ein Aquarell, das die Säule und damit die neue Dimension der Nelson-Verehrung zeigt.

Im Vordergrund finden sich zwei Gruppen von Menschen unterschiedlichen Alters, die im Sand mit Modellschiffchen die berühmte Seeschlacht nachstellen. Sie ist längst immaterielles Kulturgut geworden und wird in Form einer Oral History spielerisch weitergegeben. Der Betrachter scheint im Bild zweimal selbst aufzutreten, einmal im Vordergrund, nach unten blickend, um die Formation der Seeschlacht in Augenschein zu nehmen, einmal im Hintergrund, den Blick nach oben gerichtet, in Betrachtung der Säule.

Möglicherweise ist die doppelte Rückenfigur aber auch nur ein Veteran, der seinem Publikum als Augenzeuge den Ablauf der Schlacht erläutert, bevor er weiterschreitet, um seinem Admiral in Form der Säule Respekt zu zollen. So oder so: Analytisches Studium und andächtige Verehrung der Geschichte, so ließe sich folgern, sind zweierlei. Turner kontrastiert mit den Mitteln der Malerei hier die verschiedenen Arten der Erinnerung und reflektiert somit auch über die Formen des Erinnerns an sich.

Ein Kommentar zur aktuellen politischen Lage Europas waren die beiden Aquarelle *Die Schlacht von Fort Roch im Aostatal, 1796* und *Luzerner See*, die Krieg und Frieden symbolisierten und die Turner wohl in der Annahme herausgesucht hatte, nach Napoleons Abdankung im April 1814 wäre dessen Regime endgültig vorüber. Bemerkenswert ist nicht nur der Kontrast von Düsternis und durchlichteter Atmosphäre, sondern auch die Gleichsetzung des Luzerner Sees mit dem Frieden.

Abb. 40: Philipp Jakob Loutherbourg: *The Glorious First of June*, 1795

Abb. 41: *Schlacht von Trafalgar*, 1823

Abb. 42: *Yarmouth Sands*, 1824 oder später

In lockerer Folge publizierte Turner in vierzehn Bänden zwischen 1807 und 1819 sein akademisches *Liber Studiorum*, welches deutlich Bezug auf das *Liber Veritatis* des herausragenden Kopisten Richard Earlom nimmt, das 1774 bis 1777 nach Zeichnungen von Claude Lorrain als eine Art Werkverzeichnis entstand und sich seinerseits jene Stiche zum Vorbild nahm, die Francesco Bartolozzi nach den Zeichnungen Guercinos in den königlich-britischen Sammlungen angefertigt hatte. Turner forcierte mit diesem Werk den Vergleich mit seinem gefeierten Kunst-Ahnen Lorrain; nebenbei suggerierte er, dass er einer der am weitesten gereisten und auch meistgereisten Künstler seiner Zeit war. Letzteres traf sicher zu, Ersteres konnte er bis zur letzten Ausgabe seines *Liber* noch nicht von sich behaupten. In seinem Werk finden sich dennoch Ansichten von Basel und

Rom, aus Schottland, Savoyen und Kampanien, vom Rhein und von der Themse, dem River Wye und dem Thuner See sowie von einem guten Dutzend Ruinen zwischen Sussex und Northumberland.

Wann immer möglich, hatte er seit seinem sechzehnten Lebensjahr die Sommer für Arbeitsreisen genutzt.[130] Wieder zu Hause, wurden die gesammelten Motive dann ausgeführt und nach Möglichkeit vervielfältigt. Thornbury merkt diesbezüglich an:

> *Turners Wissen über die Effekte von Graveuren war so großartig, dass er sich, wenn er mit einer Platte unzufrieden war, hinsetzte und einen Sonnenaufgang in einen Mondaufgang verwandelte. Die Themen, das gesamte Gebiet der Landschaftskunst umfassend, waren unterteilt in sechs Rubriken: 1. Historisches, 2. Pastorales, 3. Elegant Pastorales, 4. Berge, 5. Marine, 6. Architektonisches. Die Gestaltung des Werkes war eminent charakteristisch für Turners umfassenden und epischen Geist. Er schämte sich stets für jede bruchstückhafte oder konfuse Leistung und bedauerte jede mentale Tändelei.*[131]

Verwendet wurde neben der Radierung das Mezzotinto-Verfahren, das durch eine zunächst komplett aufgeraute Metallplatte eine fein gerasterte Schwärze bietet, aus der dann durch Glättungen hellere Partien herausgearbeitet werden. Kein zweites Druckverfahren der Zeit ermöglicht vergleichbare Halbtöne, welche die Anmutung eines Aquarells nachzuahmen imstande sind. Seinen Druckern, die er gelegentlich bis über die Grenze des Zumutbaren hinaus triezte, lieferte er dafür die brauntonigen Aquarellvorlagen in Ocker, Siena, Umbra und Sepia.[132]

Abb. 43: Frontispiz des *Liber Studiorum*, 1810-11

Abb. 44: *Dunstanburgh Castle*, 1808

Abb. 45: *Mer de Glace. Eismeer unterhalb des Mont Blanc*, 1812

Abb. 46: *Norham Castle am Tweed*, 1816

Abb. 47: *Luzerner See*, 1802

Die ideelle Rivalität mit Claude Lorrain erforderte Ebenbürtiges. Daher verwendete Turner große publizistische Sorgfalt auf die edlen Ausgaben, mit denen er den Anspruch vertrat, die volle Breite seines bevorzugten Genres abzudecken. Alle Spielarten sollten vertreten sein. »Es sollte seine Beherrschung des gesamten Spektrums der Landschaftskunst und den grenzenlosen und unvergleichlichen Reichtum seines Wissens an Fakten und Erfindungen zeigen.«[133] Wenn Thornbury hier von Beherrschung spricht, so klingt auch Turners Anspruch einer Marktbeherrschung an. Mit dem *Liber Studiorum* demonstrierte er nicht nur die Vielfalt der Möglichkeiten und seine technische Meisterschaft, sondern reklamierte zugleich auch alle vorstellbaren Varianten der Landschaftsdarstellung für sich. Das *Liber Studiorum*, das sich keineswegs zum Verkaufsschlager entwickelte, war dennoch für Turner ein wichtiges Dokument, mit dem er jedem jederzeit beweisen konnte, wer der wahre

Urheber eines Motivs gewesen ist, und es blieb auf diese Weise möglich, die große Schar von Nachahmern und Plagiatoren ein wenig in ihre Schranken zu weisen. Es bedurfte allerdings schon bester Kontakte, um die juristischen Voraussetzungen überhaupt erst zu schaffen, jene dreisten Fälscher belangen zu können. So war es etwa William Hogarth nur durch seine Beziehungen zum Königshaus gelungen, eine Parlamentsakte zu erwirken, die das Nachdrucken auch von Kupferstichen untersagte.[134]

UNTERWEGS AUF LORD BYRONS SPUREN

1817 fuhr Turner nach Holland, Belgien und an den Rhein, dann über Köln und Koblenz nach Mainz. Am 10. August 1817 brach er in London auf, reiste mit der Postkutsche, erwanderte sich manche Gegenden und nutzte auf dem Rhein auch Boote, um an beiden Ufern ideale Standorte für Skizzen imposanter Panoramen zu finden. Akribisch notierte er alle Stationen und Daten seiner Reise in einem seiner Skizzenbücher.

Der Kontinent stand nach den Napoleonischen Kriegen wieder offen für Erkundungen, und die Verkehrswege waren inzwischen auch durch Napoleons Heerstraßen weitaus bequemer geworden, als sie es noch bei Turners erster Reise 15 Jahre zuvor gewesen waren. Die »Route Napoleon« führte am Westufer entlang des Rheins, ein geregelter Postkutschenverkehr war ebenfalls durch die Franzosen eingerichtet worden und ein erstes Dampfschiff fuhr ab 1816 von London über Rotterdam nach Köln. Statt der wochenlangen Reise war man nun in nur vier Tagen am Startpunkt für eine Tour durch die Rheinromantik.[135]

Im Jahr zuvor war der dritte Gesang von Lord Byrons Erfolgslyrik *Childe Harolds Pilgerfahrt* erschienen. Byron, der inzwischen in Venedig lebte, wo unter anderem der vierte und letzte Gesang spielen wird, schildert darin seine Reise vom Schlachtfeld Waterloos den Rhein hinunter.

Abb. 48: *Waterloo*, 1818 ausgestellt

Die Route von Byrons romantisch-egomanischem Antihelden schlug, sicher nicht zufällig, auch Turner ein. Wie inspirierend der Dichter war, offenbart bereits Turners Gemälde *Waterloo*, in dem er nicht die Schlacht selbst darstellt. Zwei Tage hat er das Terrain, damals bereits Touristenattraktion, in Augenschein genommen und zahlreiche Skizzen angefertigt, aber schließlich zeigt er uns doch nur – wie in Byrons Epos geschildert – die Leichenberge, die am Ende des Tages zurückbleiben. Aus dem Chateau Hougoumont im Hintergrund schlagen noch letzte Flammen, Frauen suchen im Lichtschein einer Fackel bereits nach Angehörigen unter den Kadavern: Der Krieg ist nichts Triumphales, Heldenhaftes, Glänzendes, sondern nur ein elender Akt der Grausamkeit.

Und Harold steht auf dieser Schädelstatt,
Auf Frankreichs Grab, dem blut'gen Waterloo:

Dieselbe Macht, die Ruhm verliehen hat,
Nahm ihn hinweg, bevor ein Tag entfloh.[136]

Diejenigen, die hier liegen, sind vergeblich gestorben, Napoleon ist geschlagen und das Ancien Regime wird in Kürze wieder und fester als zuvor im Sattel sitzen. Die Schlacht ist vorbei, es bleiben nichts als Leichen, die bald schon Asche und Staub sein werden.

Der Staub im Staube, hoch gethürmt, gedrängt,
Roß, Reiter, Freund und Feind im roten Grab vermengt.[137]

Die letzte Zeile »Rider and horse, – friend, – foe, – in one red burial blent!« wurde zum Titel, als Turner das Gemälde das erste Mal ausstellte.

Da er pragmatisch genug war, sich nicht nur auf Byron als Reiseführer zu verlassen, hatte er zusätzlich Charles Campbells *Traveller's Complete Guide through Belgium & Holland containing full Directions for Gentlemen, Lovers of the Fine Arts, and Travellers in General* im Gepäck, dessen Neuauflage von 1817 sehr anschaulich den Ablauf der Schlacht schildert, die immense Zahl der Toten benennt, die Plünderungen und Verbrennungen der Leichen sowie die kläglichen Nachwirkungen beschreibt: etwa Bauern, die Musketenkugeln aus den Bäumen klauben, um sie als Souvenir an die Touristen zu verscherbeln.[138] All das war wenig heroisch. Turners Gemälde wird diesem Umstand gerecht, es ist realistisch zu nennen und erfüllte gerade deshalb die Erwartungen derer nicht, die eine naiv-propagandistische Glorifizierung des Krieges wünschten. »Bevor wir den Katalog konsultierten, dachten wir tatsächlich, es handle sich um einen Tumult Besoffener während eines Feuerwerks, und der verblüffte Wirt, seinen raufenden und krabbelnden

Gästen folgend, suche in Begleitung seiner Frau und der Küchenhilfe mit Fackeln nach einem Mieter«, hieß es in *The Annals of the Fine Arts*. Indem sie das Bildsujet dergestalt lächerlich machten, bestätigten sie unbeabsichtigt die erschütternde Banalität des Krieges, die anderen Rezensenten durchaus präsent erschien, etwa der *Sun*, die hier eine »ausgezeichnete Schilderung der Kriegsfolgen« erkannte.[139]

»Es wird üblicherweise behauptet, dass dieser noble Fluss ab Straßburg sehr interessant wird, aber der wirklich großartige Teil liegt zwischen Mainz und Köln«, schreibt Campbell über den Rhein und Turner folgte diesem Hinweis.[140] Aber auch Byron begleitete Turner auf seiner weiteren Reise. Es kam dem Dichter sehr entgegen, dass sich *Rhine* auf *divine* reimt.[141] Er pries den majestätischen, den göttlichen Strom nicht nur in seiner Frische und Schönheit, mit seinen Weinhängen und blauäugigen, blumenstreuenden Mägden, sondern mit seinen verwaisten Burgruinen auch als Ort einer verwegenen Vergangenheit. Kein anderer Ort der Welt vereine in einem zusammenhängenden Labyrinth reicher den Glanz, das Schöne und das Sanfte – die Herrlichkeit der alten Tage.

Die Burgruinen, die Turner auch hier faszinieren, sind dafür beredtes Zeugnis.

Du aber, jauchzender, glücksel'ger Fluß,
Du Strom des Segens für dein schönes Land,
Wie unvergänglich wäre dein Genuß,
Wenn nur der Mensch verschonte deinen Strand!

Dein Bett hat tausendmal der Krieg umstürmt;
Vergessen sind die Krieg' und ihre Qual.

Die Schlacht hat ihre Leichen hier getürmt;
Wo sind sie jetzt? wo ist ihr Todtenmal?
Dein Wasser wusch das Blut hinweg; dein Thal
Lag wieder fleckenlos; krystallnen Raum
Durchblitzte tanzend hell der Sonnenstrahl;
Doch nagende Erinnrung; schwarzen Traum
Spült auch der Rhein nicht fort mit seinem Wogenschaum.[142]

Dass nicht nur Natur, sondern auch Geschichte eine elementare Rolle spielte, zeigt sich erneut bei der Beschreibung der Festung Ehrenbreitstein, bei der das Grab des französischen Offiziers François Séverin Marceau wichtiger ist als die Burg selbst. Immer wieder hat Turner zwischen 1817 und 1841 das imposante Bauwerk in Zeichnungen und flüchtigen Aquarellskizzen festgehalten und schließlich 1835 in Öl ausgeführt,[143] wobei ihn der Ausbau der Festung im Polygonalsystem während dieser Zeit nicht näher zu interessieren schien, zu flüchtig sind die Skizzen, um tatsächlich etwas von der neupreußischen Befestigungsmanier zu vermitteln, für die Ehrenbreitstein als Prototyp gilt.

Das Einzelschicksal des Heerführers war spannender. Marceaus kometenhaften Aufstieg zum Kommandanten verdankte er seinem forschen und reaktionsschnellen Vorgehen. Als Besatzer von Koblenz (1794) und Frankfurt (1796) wurde er in seiner Heimat gefeiert, beim Rückzug seiner Division aber wurde er schwer verwundet. Mit nur 27 Jahren starb er und wurde, unter Huldigung von Vertretern beider Kriegsparteien, am Rheinufer begraben. Das ursprüngliche Grabmal räumte man allerdings bereits 1819 ab, um für die Feste Franz Platz zu machen.

Turner hat Byrons Worte einmal mehr illustriert:

Bei Coblenz über eines Hügels Laub
Ragt schlicht und niedrig eine Pyramide;
Darunter liegt bestattet Heldenstaub,
Staub unsres Feindes, – Aber Ehr' und Friede
Sei Marceau nicht versagt! vom Augenlide
Der harten Krieger tropften Thränen viel
Aufs frühe Grab als ob ein Bruder schiede;
[…]
Seht, Ehrenbreitstein mit gesprengter Mauer,
Von Minen schwarz! noch zeigt es jene Macht,
An welcher Bomben einst und Kugelschauer
Ohnmächtig abgeprallt sind und zerkracht.
Ein Thurm des Siegs! der oft von hoher Wacht
Die Feinde sah, in wilder Flucht ergossen;
Doch Friede stürzte, was getrotzt der Schlacht:
Dem Regen steht das stolze Dach erschlossen,
Das nie sich öffnete den feindlichen Geschossen.[144]

Ohnehin stellt sich die Frage, inwieweit Turner, stellvertretend für die britischen Reisenden, neben Natur und Geschichte auch die Bevölkerung wahrnahm. War sie nur gelegentliche Staffage, oder konnte Turner nebenbei sein Bild von den Deutschen differenzieren oder bestätigt sehen? Tendenziell war man sich in den Jahren bis zur Mitte des 19. Jahrhunderts durchaus wohlgesinnt. Doch gerade weil es diese Sympathie zwischen Deutschen und Briten gab, die sicher auch auf royalen verwandtschaftlichen Banden beruhte, gedieh zugleich eine gegenseitige Fehleinschätzung, die sich auch prominent manifestierte.

Während Karl Marx und Friedrich Engels in den 1840er Jahren ihre Hoffnungen für eine proletarische Revolution auf die bri-

Abb. 49: *Ehrenbreitstein mit Marceaus Grab*, 1835

tische Lower Class setzten, die vor ihren Augen durch die Industrialisierung verelendete, war sich William Howitt in seinem Werk *The Student-life of Germany* (1842) sicher, die Deutschen würden sich niemals an einen Umsturz heranwagen. Selbst unter den Studenten seien es nur wenige Verblendete, die sich »zum Werkzeug des politischen Fanatismus« missbrauchen ließen, gegen ihre Fürsten rebellierten und dabei so weit gingen, selbst dem Ur-Feind Frankreich die Hand zu reichen. Letztlich seien die subversiven Sümpfe jedoch in den 1830er Jahren erfolgreich trockengelegt worden und das akademische Leben moralisch gefestigt aus dem Rumoren hervorgegangen.[145]

Tatsächlich aber steuerte Deutschland längst auf die Revolution von 1848 zu und überraschte damit jene Briten, welche die schwerfällig denkenden oder dumpf dümpelnden Cousins jenseits des Rheins in ihrer überwältigenden Mehrheit für politikresistent gehalten hatten, während sich zugleich die Kommunisten im Londoner Exil vom britischen Proletariat enttäuscht zeigten, bei dem die Revolution ausblieb. Die Mentalität, die *Glorious Revolution* gerade deshalb für so »glorreich« zu halten, weil sie das Klassensystem nicht angetastet hatte und folglich auch keine wirkliche Revolution gewesen war, zeigte sich doch in allen gesellschaftlichen Schichten der Insel-Monarchie weit verbreiteter, als sich Engels und Marx das vorzustellen vermochten.

Hatte man auf der Insel bis in die Zeit des Regency die kontinentale Kultur bewundert, änderte sich die Haltung spätestens mit dem Übergang vom georgianischen zum viktorianischen Zeitalter. Ein kleiner Schritt, und schon »schlägt das Pendel zur anderen Seite aus«, wie Heinz Ohff zugespitzt formulierte: »Statt auf einen Minderwertigkeitskomplex stößt man auf eine kulturhistorische Arroganz sondergleichen. Da werden von Engländern in England grundsätzlich nur noch Bilder englischer Maler gekauft, Bücher englischer Autoren gelesen, da wird in der Architektur nicht mehr Palladio nachgeahmt, sondern englische Gotik, da halten sich die Briten plötzlich für das Salz der Welt.«[146]

Sollte man vom Deutschlandbild Turners, von den urtümlichen Landschaften und verschlafen-malerischen Örtchen, die er für bildwürdig hielt, auf die Mentalität der Bewohner schließen, so dürfte auch er sie nicht für übermäßig geistig rege gehalten haben, doch er nahm sich ohnehin nicht die Zeit, sie näher kennenzulernen. Er hatte es eilig.

Am 21. August 1817 erreichte er bereits Koblenz, zwei Tage später machte er sich auf, um bis nach Boppard zu wandern, unterwegs skizzierte er unter anderem die Mündung der Lahn mit Burg Lahneck und Burg Stolzenfels, und weitere Fortifikationen folgten, schließlich war er im Tal mit der größten Burgendichte der Welt unterwegs. Am 27. August trat er seine Rückreise an. Er hatte nicht nur zwischen Koblenz und Mainz eine Strecke von rund 100 Kilometern zurückgelegt, sondern auch drei prall gefüllte Skizzenbücher im Gepäck, deren Material er, zurück in London, wie besessen in Aquarelle umsetzte. Allein 51 landeten in der Sammlung seines Freundes und Sammlers Walter Fawkes. Damit leistete er für die bildende Kunst, wie zuvor Byron für die Literatur, seinen bedeutenden Beitrag zur internationalen Etablierung der Rheinromantik.

Nicht von ungefähr zog der Deutsche Gustav Waagen, Direktor der Berliner Gemäldegalerie, der kurz nach Turners Tod England besuchte, eine Parallele zwischen den beiden: »Mir scheint, daß Turner ein Mann von wunderbarem Genius war und unter den englischen Landschaftsmalern unserer Tage etwa den Rang einnimmt wie Lord Byron unter den modernen englischen Poeten.«[147]

Das Deutschlandbild, das Lord Byron in seinem Epos *Childe Harolds Pilgerfahrt* romantisch verklärte und das auch Turner von seinen Reisen farbmächtig in die Heimat mitgebracht hatte, ließ die Briten schwärmen und beflügelte sogar noch den Baptistenprediger und Erfinder des Pauschaltourismus Thomas Cook dazu, bereits auf seiner ersten Rundreise über den Kontinent 1855 auch den Rhein hinauf über Köln, Bonn, Mainz und Mannheim bis nach Heidelberg zu schippern.

Dass Turner seine Reisen beflügelten, wurde auch diesmal deutlich. Seine Palette lichtete sich und wandelte sich in die Richtung einer wärmeren Farbgebung, wie sie der Maler bei Aelbert Cuyp hatte beobachten können.

Im selben Jahr, am 31. Oktober 1817, führte der Staatsbeamte und Diplomat Joseph Dupuis die 16-jährige Evelina Turner zum Traualtar. Ihr Vater William nahm an der Zeremonie nicht teil und im Jahr darauf zog das junge Paar ins Ashanti-Königreich. Joseph war zum Konsul in Kumasi ernannt worden. Bis auf weiteres verschwand Evelina von der Bildfläche und trat erst wieder in Erscheinung, als es etwas zu erben gab.

ITALIEN UND DAS NICHTS

Im August 1819 reiste Turner für vier Monate über Paris und Lyon erstmals nach Italien: zunächst in den Norden, nach Turin, Como, Mailand, Verona, Venedig und Bologna, dann nach Rom und Neapel, nach Pompei und Paestum und zurück über Florenz. Rund 2000 Bleistiftskizzen entstanden,[148] also knapp zwanzig pro Tag. Turner wird im Wachzustand Stift und Pinsel kaum aus der Hand gelegt haben.

Italien war für ihn eine Offenbarung. Seine bisherige konventionelle Rezeption des Landes aus zweiter Hand – etwa nach Zeichnungen des befreundeten Architekten James Hakewill für dessen Publikation *A Picturesque Tour of Italy* der Jahre 1816 und 1817 – wird umgehend relativiert. Jung war Turner nicht mehr, aber das Lebensgefühl und das Licht Italiens beeindruckten ihn tief.

Der Italienkenner Hakewill gab Turner eine Beschreibung der Route nach Rom mit auf den Weg, in der er Empfehlungen und Warnungen detailliert ausführte:

> *Gehe nicht nach Brig, sondern nach Glis am Fuße des Simplon – laß Dir Zeit für den Berg. Der Abstieg auf italienischer Seite ist der schönste. Guter Gasthof in Domo Dossola und in Baveno, wo Du das Schiff nimmst, um die Inseln im Lago Maggiore zu besichtigen. Sieh Dir Isola Bella an (wenn Du Zeit hast, auch Isola Madre, nicht so besonders). Como. Geh um den See bis nach Cadenabbia und verweile bei Plinciana & Co – besuche die Villa eines Herzogs (habe seinen Namen vergessen) gegenüber*

von Cadenabbia. Nimm zwei Ruderer und zahle ihnen 3 franc p. Tag. Die Männer werden Dich auf die Sehenswürdigkeiten aufmerksam machen …[149]

Italien zu bereisen, das war für Turner wie ein Rausch – und überfällig. Wenn auch noch so konventionell, mag Hakewills Werk in Kombination mit Byrons aktueller Publikation den letzten Impuls gegeben haben, nun doch noch die Welt jenseits der Alpen zu bereisen.[150] Der letzte Teil von *Childe Harolds Pilgerfahrt* war gerade erschienen, und so, wie Turner am Rhein in Bildern anschaulich machte, was Byron in Worte gefasst hatte, verfuhr Turner auch in Italien und lieferte das atmosphärische Traumbild einer südlichen Sehnsuchtslandschaft. Indem er einige Werke, die er nach der Reise in der Royal Academy ausstellte, durch Verse aus dem vierten Gesang Byrons flankierte, machte er aus der Landschaftsmalerei zugleich einen Literaturdialog und unterstrich, inwiefern seine Kunst aus denselben Quellen der Poesie zu schöpfen vermochte. So wie er in den für ihn neuen Landschaften Hollands oder Italiens einen lang vertrauten Cuyp oder Claude Lorrain entdeckte – er mithin nicht in der Kunst die Wirklichkeit, sondern in der Wirklichkeit die Kunst wiedererkannte –, so besaß die Malerei auch die Möglichkeiten, Dichtung zu veranschaulichen. Sie konnte folglich auch als Mittler zwischen Wirklichkeit und Poesie fungieren, beide gleichermaßen aufnehmen und miteinander verschmelzen.

Wenn Turner, auf Empfehlung des Klassizisten Antonio Canova[151] frisch gekürtes Ehrenmitglied der Accademia di San Luca, vor dem nächtlichen Kolosseum sitzt, so fließen in seinem Aquarell, das aus dieser Situation heraus entsteht, gleichermaßen Natur und Literatur in eins.

Abb. 50: *Kolosseum bei Nacht*, 1819

Das Colosseum! – nur vom Mond bewacht,
Dem Ampellicht, das die Natur entfacht!
Denn göttlich sei das Licht für solchen Bau,
Den lang durchforschten, nie erschöpften Schacht
Des ernsten Sinnens, – und azurnes Blau
Der röm'schen Sommernacht, wo Farb' und Stern' und Thau
Zur Sprache wird und von den Himmeln zeugt,
Schwimmt über diesem ries'gen Wundersaal.[152]

Turners Werk ist, glaubt man den Zeilen Byrons, lediglich eine Rückübersetzung: Sprache wird wieder zu Farbe. Das Kolosseum als unerschöpflich tiefschürfende Mine der Kontemplation ist erleuchtet von göttlichem Mondlicht. Reale Architektur, überirdisches Licht und menschliches Denken vereinen sich zum Bild einer italienischen Sommernacht.

Als Counterpart zu Claude Lorrain entdeckte die Romantik den ungebändigten Salvator Rosa wieder, der als scharfzüngiger Schriftsteller und dramatischer Maler wirkte und rückblickend als Proto-Romantiker gehandelt wurde. Während Lorrain aus Lothringen nach Rom kam, stammt Rosa ursprünglich aus Neapel. In der römischen Landschaftsmalerei des 17. Jahrhunderts waren sie entgegengesetzte ästhetische Pole und als solche verstand sie auch die britische Kultur um 1800. Die Salonnière und Sozialreformerin Elizabeth Montagu schilderte anschaulich, wie man die Natur als theatrale Darbietung rezipierte und in ihr die Kunst wiederentdeckte. So wurden Zelt und Hintergrundmusik geordert, Tee serviert und dabei diverse Ansichten betrachtet, »einige wild wie Salvator Rosa, andere beschaulich und mit Sonnenuntergang, eines Claude Lorrains würdig«.[153]

Für die Auflösung der Formen in Dunst, für das schwer kalkulierbare Nass-in-Nass des Aquarells und die damit verbundene Befreiung von der strengen Kontur sollte Venedig die entscheidenden Impulse geben. Venedig, die antiklassische, amorphe Metropole, in der wenig fest gefügt scheint, deren Harmonie im Asymmetrischen und Irregulären liegt. Venedig, die schwimmende, wie ein Geist über den Wassern schwebende urbane Materie. Venedig ist die wahre Ewige Stadt, und nur wem das Fließende, Fragile und Dekadente moralisch fragwürdig erscheint, wird in dieser vitalen Kapitale des Lichts und des Wassers etwas Düsteres und Morbides ausmachen können. Das venezianische Licht verlangte von Turner die völlige Loslösung und zugleich Reduzierung der Farbe. Die Annäherung an das Nichts. Die zarte Farbwolke des Papiers wird zum Raum, in dem lediglich kalligrafische Akzente schweben, die gerade in ihrer sparsamen Andeutung die Atmosphäre der

Lagunenstadt offenbaren. Tiefe wird weniger durch Perspektive als durch Farbe erzeugt, die Silhouette der Stadt liegt beim Blick von der Guidecca in einem blauen Streifen, der vorn auf dem Wasser und im Himmel zu wärmeren Tönen changiert. In der mehrfarbigen, ineinanderfließenden Grundierung legt Turner allein schon durch die Farbwirkung eine Räumlichkeit an: Die kalten Farben bedeuten Distanz, die wärmeren Nähe. Nutzt Turner die Feder, um Details und Konturen zu betonen, so verwendet er dabei nicht schwarze Tusche, sondern ebenfalls Aquarellfarbe. Die subtile Leichtigkeit der Farbe geht nun endgültig Hand in Hand mit der Auflösung der Formen. Das *Allgemeine Lexikon der Bildenden Künstler* von 1939 sah hier »Lichtvisionen von großartig-poetischer Anschauung, in denen die Zeichnung überhaupt keine Rolle mehr spielt«, und sprach von »Farbfeuerwerken« und »Farbräuschen«, die sich zu wahren »Farborgien« steigern.[154]

Dabei hielt sich Turner bei seinem ersten Besuch nur vier oder fünf Tage in Venedig auf. Er war zu ungeduldig. Die Bedeutung Venedigs für sein Werk mag ihm erst nachträglich klar geworden sein. Vielleicht war er, wie viele seiner Kollegen, zunächst der Ansicht, zu Venedig sei mit den Veduten Canalettos und Guardis alles Wesentliche gesagt worden,[155] so dass man nur wiederholen konnte, was in Perfektion bereits existierte. Die Lagunenstadt war, so konnte man angesichts der redundanten Vedutenflut annehmen, praktisch »totgemalt«. Und doch wurde die Stadt für Turners Werk auf lange Sicht zentral. Vor allem Francesco Guardi ist an Turner nicht spurlos vorbeigegangen; doch er versuchte das Atmosphärische, das bei Guardi angelegt ist, bis zum Extrem weiterzutreiben. Dieses extreme Venedig blieb allerdings einstweilen ein privates.

Abb. 51: *Venedig, Blick von der Giudecca: Sonnenaufgang*, 1819

Abb. 52: Clarkson Frederick Stanfield: *Venedig von der Dogana*, 1833

Abb. 53: *Seufzerbrücke, Dogenpalast, Zollhaus: Canaletto painting*, 1833 ausgestellt

Für Buchillustrationen (wie Rogers *Italy* oder eine Ausgabe der Werke Byrons) schwenkte er wieder brav auf den Pfad der Konvention ein, und auch das erste Venedigbild in Öl, das er erst vierzehn Jahre nach seiner Venedig-Initiation ausstellte, verdeutlicht, dass er sein Bedürfnis, sich mit anderen zu messen, noch immer nicht ganz abgelegt hatte: Turner war zu Ohren gekommen, Clarkson Frederick Stanfield würde eine Venedig-Ansicht von der Dogana ausstellen, und malte auf die Schnelle – in zwei, drei Tagen, so die Presse – seine Version, um dem jungen Kollegen »eine Lektion in Atmosphäre und Poesie« zu erteilen, wie der *Morning Cronicle* zu berichten wusste.[156] Die touristischen Erwartungen des Publikums waren mit dieser Ansicht des Dogenpalastes, der Seufzerbrücke, des Campanile und der Dogana, die Turner (im Unterschied zu Stanfield) auf topografisch unmögliche Weise zusammenbringt, erfüllt. Wobei sowohl sein Standpunkt als auch die Häuserzeile links komplett der Phantasie entsprungen sind.

Dem Titel *Canaletto painting* lässt sich dagegen ein gewisser Charme nicht absprechen, kann er doch in mehrfacher Hinsicht verstanden werden: sowohl als *Gemälde Canalettos* als auch *im Stil Canalettos gemalt* oder schlicht *Kanäle malend*. Da Turner sich den Scherz erlaubte, links eine kleine Rückenfigur mit Pinsel und Palette vor einer Staffelei mit goldgerahmter Leinwand zu ergänzen (unwahrscheinlich, dass ein Künstler des 18. Jahrhunderts so gemalt hätte), ist der Titel aber vor allem als *Der malende Canaletto* zu verstehen. Stadt und Maler werden gleichermaßen zum Gemälde. Turner versucht unter Beweis zu stellen, dass er es mit zwei Malern, mit Canaletto und Stanfield, gleichzeitig aufnehmen kann.

Stanfield hat sich drei Jahre später »gerächt«, indem er eine *Schlacht von Trafalgar* malte, die Turners Versionen bei weitem in den Schatten stellte.

Das Nichts ist ein Topos, der seit 1816 aus keinem Text zu Turner mehr wegzudenken ist. Genauer, seit William Hazlitts Zeilen über Turner, in denen er dessen Bilder als »without form and void« bezeichnet und schreibt, er habe gehört, wie jemand davon sprach, Turners Landschaften seien »pictures of nothing, and very like«. Was genau Hazlitt (zu diesem recht frühen Zeitpunkt in der Entwicklung Turners) damit meinte, darüber lässt sich trefflich spekulieren. Sind die Bilder ein Nichts oder findet sich ein Nichts in den Bildern? Meint das *nothing* vielleicht eher ein »no thing«, also die Darstellung von nichts Gegenständlichem? Ist dieses *nothing* wirklich unsichtbar oder als Dunst und Licht sichtbar? Findet Hazlitt die Werke belanglos oder stört er sich an den Effekten, die gegenüber der *Imitatio* dominieren? Fühlt er sich irritiert aufgrund einer dargestellten Leere, empfindet er gar einen *horror vacui*, oder meint er nur eine gewisse Abstraktion der Dinge? Kann er nichts mit den Bildern anfangen? Spielt er auf das Selbstreferentielle an, auf den Sehprozess, der das eigentliche Thema der Werke zu sein scheint und im Grunde ohne Sujets und Genres auskommt, oder auf die Materialität und Wirkung der Farbe, hinter der oft genug alles Inhaltliche verschwindet?[157] Und meint er mit »and very like« etwas wie »und dergleichen«? Was soll das sein, das dem Nichts gleicht?

Denkbar auch, dass der Autor gar keine tiefer gehenden epistemologischen Raffinessen andeuten möchte, sondern sich einfach nur am Paradox des hübschen Aperçus erfreut, das er irgendwo, vermutlich auf einer Vernissage, aufgeschnappt hat. Bilder des Nichts mögen an sich schon absurd erscheinen, doch Bilder vom Nichts und von anderen Sujets, die dem Nichts gleichen? Das dreht die Schraube noch ein wenig weiter.

»Alles ist ›wüst und leer‹. Jemand sagte von seinen Landschaften sie seien *Bilder des Nichts und dergleichen.*« Indem Hazlitt dem

Abb. 54: *Rom vom Vatikan aus gesehen. Raffael, in Begleitung Fornarinas, bereitet seine Bilder für die Dekoration der Loggia vor*, 1819

berühmten Zitat jene Beschreibung des Urzustandes voranstellt[158] und davon spricht, der Künstler genieße es, bis zum ersten Chaos der Welt zurückzukehren, oder zu jenem Zustand, als die Wasser vom festen Land und das Licht von der Dunkelheit getrennt wurden, aber weder ein lebendiges Ding noch ein früchtetragender Baum auf der Erdoberfläche zu sehen gewesen sei, bekommt das so gern angeführte Zitat noch einen anderen Klang, der gern überhört wird: Turner geht zurück zu den Anfängen der Welt, er betrachtet und befragt die Materie und das Licht noch einmal ganz neu. Hazlitts Zeilen sind keineswegs nur vernichtende Kritik, sie bergen – schon allein durch seinen Bezug auf die Bibel – auch einen Respekt gegenüber Turners Weltsicht, zumal im Übrigen auch vom »Triumph des Künstlerwissens« und von der »Macht des Pinsels über die Öde des Subjekts« die Rede ist.[159]

Wie dem auch sei, das Nichts ist seither fester Bestandteil der Turner-Literatur. Ohne das Nichts, so scheint es, lässt sich Turner nicht fassen. Dass der Maler seinerzeit, als Hazlitt seine Kritik schrieb, noch nie in Italien war, wird gern übersehen. Zu gut passt dieses *nothing* auf Venedig.

Wenn auch nicht als Wendepunkt, so lässt sich die erste Begegnung mit Venedig mindestens als bedeutendster Schritt im künstlerischen Schaffen Turners bezeichnen. Die gleißende Helligkeit wird bestimmend. Hatten einst seine Versuche in Öl auf seine Aquarelltechnik durchgefärbt, so sollte Turner in der Folge den Versuch unternehmen, die ihm so vertraute Aquarelltechnik auch in der Ölmalerei anzuwenden.[160] Das mag seinen Werken in Öl jene Transparenz und Luzidität, die sie gelegentlich auszeichnet, verleihen. Das helle Papier der Aquarelle, das die transparenten Farben erstrahlen lässt, überträgt Turner als strahlende Grundierung auch auf die Ölmalerei. Statt dunkler wählt er nun helle Untergründe und lasierende zarte Farbschichten. Er ahmt die Technik des Aquarells in Öl nach, indem er nicht, wie üblich, mit den dunklen Passagen beginnt und opak am Ende die Lichter aufsetzt, sondern umgekehrt ins Licht vorsichtig die dunkleren Akzente einfließen lässt.

Der Bedeutung Venedigs ungeachtet, war es ein römisches Motiv, das der heimgekehrte Turner 1820 als erstes in der Akademie zeigte. *Rom vom Vatikan aus gesehen. Raffael, in Begleitung Fornarinas, bereitet seine Bilder für die Dekoration der Loggia vor* ist ein Tribut zu Raffaels 300. Todestag. In der kurzen Zeit zwischen seiner Rückkehr im Januar und der Ausstellung im April entstand das monumentale Panorama (177 × 333 cm), das den nachdenklichen Künstler mit der Rückenfigur seiner Muse und Geliebten zeigt, die sich mehr für Juwelen als für Architektur und Malerei zu interessieren scheint. Durch die wie in einem extremen Weitwinkelobjektiv verzerrte Arkade der Loggia breitet sich die Stadt hinter Berninis Petersplatz-Kolonnaden aus, die erst im Jahrhundert nach Raffaels Tod errichtet wurden. Es ist wohl kein Zufall, dass die Gemälde – darunter Raffaels *Madonna della Sedia* und ein Bild des *Baus der Arche Noah*, das Raffael in den Loggien als Fresco ausführte – verschiedene Genres präsentieren: Historienbild, Porträt und eine Landschaft (die verblüffend an Claude Lorrain erinnert) stehen einträchtig beieinander. Ganz so wie Vergangenheit, (Raffaels) Gegenwart und Zukunft – wie Antike, Renaissance und Barock im Ambiente Roms.

Es ist nicht auszuschließen, dass sich Turner selbst als eine Art Raffael sah, der alle Genres vereinte und als Professor für Perspektive (wie Raffael) auch selbst Ambitionen im Bereich der Architektur hegte.[161] Turner hebt in seinem Gemälde die Zeit auf, Raffael ist nicht ferne Vergangenheit, vielmehr ist er auch nach der Errichtung von Berninis Kolonnaden noch immer gegenwärtig, und Turner, als Zeuge der Szene, »präsentiert sich selbst nicht als verspätet, sondern als aktuellsten Ankömmling« in der Arena der Kunst.[162]

DEN KUNSTMARKT IM BLICK

1824 reiste Turner in die Niederlande, nach Rotterdam, Den Haag, Amsterdam und Utrecht, weiter entlang der Maas bis Verdun, nach Osten bis Metz und die Mosel hinunter bis zur Mündung in den Rhein. Zurück ging es über Köln, Aachen, Lüttich, Antwerpen und Brüssel.[163] Wieder machte er sich in Vorbereitung nützliche Notizen über Attraktionen, Gasthöfe und Distanzen. Dann füllte er unterwegs seine Skizzenbücher mit hunderten, meist winzigsten Zeichnungen, überwiegend nur flüchtigste Andeutungen, von denen man sich unwillkürlich fragt, was er später damit anzufangen gedachte, denn sie sind derart vage, dass sie allzu oft beliebige Bauten, Städte, Landschaften darstellen könnten. Eine Skizze des Aachener Doms gehört hier noch zu den detailreichsten.

Im Jahr darauf wurde Turner fünfzig, im Herbst starb sein Freund, Vertrauter, Sammler Walter Fawkes, nur sechs Jahre älter als Turner. Wie kein anderer war ihm dieser politisch denkende Mann eine Leitfigur gewesen. Für Turner ein schwerer Verlust, zumal mit seinem Tod auch die unbeschwerten und anregenden Tage auf Farnley Hall endeten. Es wäre an der Zeit gewesen, in Ruhe erste Bilanz zu ziehen, doch Turner wählte einmal mehr den entgegengesetzten Weg.

Dass Reisen auch etwas von Fluchtverhalten haben kann, ist ein Allgemeinplatz. Turner begriff seine Touren als Arbeit und konnte sie so vor sich selbst billigen. Ob sie damit gerechtfertigt waren, steht auf einem anderen Blatt. Hinzu kommt seine ohnehin manische Betriebsamkeit. Wenn Turner etwas nicht ist, dann ein Maler der Stille, der Kontemplation. Die Tatsache, dass er Arbeit

Abb. 55: *Aachener Dom. Südseite*, 1824

Abb. 56: *Maastricht und Wyck an der Maas, mit Sint Servaasbrug, Figuren und Booten, Kirchen und Festungen*, 1825

und Reisen gleichermaßen exzessiv betrieb, legt nahe, dass hier etwas überdeckt, etwas betäubt werden soll, das er in seiner lebenslangen Verssammlung, den *Täuschungen der Hoffnung*, in immer neuen Anläufen zu verbalisieren versuchte.

1826 finden wir ihn an der Loire. Zugleich begann er ein neues Projekt, die Illustrationen zum Hymnus *Italy* von Samuel Rogers. Der gefeierte Poet hatte 1814 den Kontinent in Begleitung seiner Schwester besucht, 1822 einen ersten Teil des Gedichts publiziert, zunächst anonym, als wolle er vorsichtig seine Wirkung prüfen, und dann sechs Jahre später einen zweiten unter seinem Namen. Die Resonanz auf *Italy*, das Rogers als lyririsches Tagebuch verfasst hatte, war zunächst bescheiden, aber Rogers war gewillt, das Projekt, das ihn nun bereits 15 Jahre begleitete, zu einem Erfolg zu machen. Dazu engagierte er den herausragenden und bewährten Illustrator Thomas Stothard sowie Turner, dessen Italien-Impressionen als Stiche die edle Ausgabe von 1830 bebildern. Sie verkaufte sich nun im Handumdrehen zehntausendmal. Sicher auch weil sich die Möglichkeit einer Reise auf den Kontinent weiteren Kreisen eröffnete, die aktuelle Situation der Julirevolution, die in Frankreich das Bourbonenregiment beendete, auf der Insel aufmerksam verfolgt wurde und das Interesse an europäischer Vergangenheit stetig wuchs.

Italien lebt bei Rogers vor allem vom Ruhm seiner Geschichte, einer Geschichte allerdings, die allerorten spürbar bleibt, die nachglimmt und wie ein Vulkan erneut imposant auszubrechen vermag:

Zweimal leuchtete es unter den Nationen dieser Welt,
wie die Sonne scheint unter den schwächeren Lichtern des Himmels
und wird es nochmals tun. [...]
Sogar noch jetzt bricht die Flamme hervor,
die einst so glorreich brannte,
und sterbend noch hinterlässt sie einen Glanz wie der Tag,
der sich ganz von selbst ausbreitet und noch immer
die Erde segnet – mit dem Licht des Genius, der Tugend,
der Größe im Denken und Handeln, den Tod missachtend,
gottgleiches Vorbild.[164]

Das Verfahren des Stahlstichs, das – anders als beim Kupferstich – eine praktisch unbegrenzte Auflage in gleichbleibender Qualität ermöglichte, war erst wenige Jahre zuvor (vor allem zum Druck von Banknoten) vom Amerikaner Jacob Perkins entwickelt worden und bewährte sich während der kommenden Jahrzehnte auch als

Abb. 57: *Römische Campagna*, Illustration zu Samuel Rogers' *Italy*, 1826-30

Abb. 58: *Florenz von San Miniato aus gesehen*, 1828

Technik für Buchillustrationen. Der Stecher, Drucker und Verleger James Heath hatte Perkins nach England vermittelt, wo dieser unter anderem Noten für die Bank of England produzierte, und wurde sein Partner. Ein groß angelegtes, wenn auch mäßig erfolgreiches Unternehmen startete Heath auch mit Turner. Für die Serie *Picturesque Views in England and Wales* schuf der Künstler bis zu hundert Ansichten, die er als Aquarellvorlagen für die Umsetzung in Drucke lieferte und die sukzessive bis 1838 erschienen.

Um sich Turners Genius dauerhaft zu sichern, stellte Heath ihm in Aussicht, auch eine Serie mit *Malerischen Ansichten aus Italien* zu publizieren, die über die Planung wohl nicht hinauskam, aber für die einige Aquarelle entstanden zu sein scheinen, etwa Ansichten von Neapel und Florenz.

Turner war jedes Medium für eine technische Reproduzierbarkeit und massenhafte Verbreitung seines Werks willkommen. Quantität, so scheint es, war ihm dabei ebenso wichtig wie Qualität. Minimaler Aufwand bei größtmöglichem Ertrag war das Gebot der Stunde. Selbst bei Unikaten auf Leinwand, in denen sich das Atmosphärische bis an die Grenze der scheinbaren Abstraktion verselbstständigt, lässt er eine verblüffende Ökonomie walten, wie am Gemälde *Drei Seelandschaften* deutlich wird, in dem die oberste Landschaft kopfüber am Bildrand erscheint und sich einen Himmel mit der mittleren teilt. Hätte man drei Bilder haben wollen, wären lediglich zwei horizontale Schnitte durch die Leinwand, die Turner von der Rolle nutzte, nötig gewesen. Auch Turners Arbeitsweise, gleichzeitig an mehreren Staffeleien zu arbeiten, indem er einen Pinsel in eine Farbe tauchte, um dann von Leinwand zu Leinwand zu schreiten und auf allen Gemälden Partien in der gewählten Farbe zu malen, bis sie aufgebraucht war, ist vor allem unter dem Aspekt der Produktionssteigerung durch Serienfertigung zu verstehen.[165]

Von 1830 an schuf er keine Aquarelle mehr für Ausstellungen, nutzte aber die Technik weiterhin extensiv und experimentell. Die aristokratische Klientel bröckelte und das Aquarell war bestens geeignet, neue bürgerliche Käuferschichten zu akquirieren, denn es bot die Möglichkeit zu skizzenhaften Entwürfen, die veranschaulichten, was den Kunden erwartete. Turners Agent Thomas Griffith konnte dem neuen Geldadel, der vor allem aus Industriellen bestand, nun verschiedene Motive sowie verschiedene Versionen dieser Motive als Musterstudien vorlegen, um einem gelegentlichen Mangel an Vorstellungskraft entgegenzuwirken.

Die massenhafte Verbreitung seiner Motive in Form von Stichen hatte den zusätzlichen Vorteil, dass das schwarz-weiße, vor allem auf die geritzte Linie setzende Medium den Aquarellen mehr Klarheit und Kontur verlieh, was dem Geschmack breiterer Bevölkerungsschichten entgegenkam. Diese Sichtweise findet sich auch noch in der Kunstgeschichtsschreibung, etwa in der Monografie des Kunstkritikers James Dafforne, der zwar den Verlust der Farben in den Stichen bedauerte,[166] aber auch der Auffassung war, zumindest manche Spätwerke Turners würden durch die Kunst des Stechers »aus dem Chaos in etwas wie Ordnung überführt« und so tatsächlich erst verständlich und nachvollziehbar.[167] Turners Werk wird durch den Stich allerdings nicht nur allgemeinverständlicher; Dafforne wertet den Stich gegenüber dem Gemälde sogar als gelungener: Erst in der populären Kopie erscheine das Original vollendet. In den Jahren 1826 bis 1836 wirkte Turner an 16 Publikationen mit, illustrierte Reiseberichte, Lyrik und Werke zur Geschichte.

Dass Turner ein Vermarktungstalent war, belegt auch die von Fontane kolportierte Anekdote, der zufolge sich Turner geweigert habe,

Abb. 59: *Drei Seelandschaften*, um 1827

sich porträtieren zu lassen. Fontane allerdings folgert zu kurz, wenn er meint, Turner sei derart eitel gewesen, dass er sein wenig anmutiges Äußeres nicht verewigt sehen wollte. Dabei beschreibt Fontane selbst die wahre Motivation für eine solche Verweigerung. Seinen Freunden gegenüber habe Turner argumentiert, »daß das Ungeschlachte und Aufgedunsene seiner bäurischen Erscheinung der Poesie seiner Bilder Abbruch thun und den Glauben an die Wahrheit und Tiefgefühltheit derselben untergraben würde«.[168] Die optische Übereinstimmung von Werk und Autor betrachtete Turner demzufolge als Glaubwürdigkeitsstrategie. Dem »Image« des Künstlers, seinem Auftreten und seiner äußeren Erscheinung diesen Stellenwert beizumessen, ist sehr modern gedacht.

Dabei war seine markante Physis selbstverständlich umso häufiger Thema, je berühmter er wurde. In Artikeln und Karikaturen, aber auch in seriöser Literatur hielt man sie besonderer Erwähnung für würdig. So beschreibt ihn Richard Muther als eines der »Originale, wie sie nur im Lande des Spleens gedeihen«. Gerade der Kontrast zu seiner Kunst war immer wieder Thema, wie konnte ein »spiessbürgerlicher, prosaischer, plumper Gesell« wie Turner solche Kunst schaffen? »Eine untersetzte, stämmige Figur mit breiten Schultern und zähen Muskeln glich er eher einem Capitän der Handelsmarine, als einem Jünger Apolls, war sparsam bis zum Geiz, unbeleckt von aller Cultur, selbst von den Regeln der Orthographie, unzugänglich und schweigsam.«[169]

Ließ sich schon an der Anatomie und seinem Cockney-Akzent wenig ändern, so plusterte Turner seinen Namen mit dem Tag seiner Mitgliedschaft in der Königlichen Akademie so auf, wie es ihm angemessen schien. Firmierte er bis dato als William, von seinem Vater kurz »Billy« genannt, so wurde fortan aus ihm ein Joseph Mallord William Turner.

REISEN ALS INSPIRATION UND ISOLATION

»Beschuldige mich nicht der Anglomanie, lieber Leser, wenn ich in diesem Buche sehr häufig von Engländern spreche; sie sind jetzt in Italien zu zahlreich, um sie übersehen zu können, sie durchziehen dieses Land in ganzen Schwärmen, lagern in allen Wirthshäusern, laufen überall umher, um Alles zu sehen, und man kann sich keinen italienischen Zitronenbaum mehr denken, ohne eine Engländerin, die daran riecht, und keine Gallerie ohne einen Schock Engländer, die, mit ihrem Guide in der Hand, darin umherrennen, und nachsehen, ob noch alles vorhanden, was in dem Buche als merkwürdig erwähnt ist«, schreibt Heinrich Heine über die »elegante Völkerwanderung« gen Süden, die er 1828 beobachtete.[170]

Auch Turner reiste 1828 abermals über Marseille, Nizza und Genua nach Rom. Im Januar 1829 besuchte er Ancona, die Monts de Tarare, Paris, im September erreichte er wieder die französische Hauptstadt, war rastlos unterwegs die Seine entlang bis zu ihrer Mündung und erkundete die wilde Küste der Normandie bis zum Mont Saint-Michel. Als Kloster hatte das Gemäuer vor der Küste einstweilen ausgedient, nun erhob es sich als bedrohliche Gefängnisinsel. In Fusion einer detailgenauen Bleistiftzeichnung und atmosphärischer Aquarellskizzen schuf Turner eine imposante Szenerie, das Bild eines Kolosses, der an Breughels *Turmbau zu Babel* gemahnt. Die Düsternis wird noch durch die teils berittenen Personengruppen forciert, die neue Gefangene durch die Nacht

Abb. 60: *Mont Saint-Michel*, 1826

Abb. 61: *Mont Saint-Michel*, 1827-28

zur hell schimmernden Festung führen, die sich wie über einem schimmernden Spiegel thronend aus dem Meer erhebt.

Elitäres Reisen war inzwischen allerorten spürbar durch eine Massenbewegung abgelöst worden, das vornehme Abenteuer der Grand Tour war dem Tourismus gewichen. Turners Touren aber darf man sich weder als das eine noch als das andere vorstellen. Es waren wirkliche Arbeitsreisen, ganz sicher nicht mondäne Ausflüge durch Europa, wie sie, glaubt man den Worten Heinrich Heines, für Briten typisch waren, die weiterhin versuchten, sich unterwegs eine gewisse Exklusivität zu bewahren. Turner stieg nicht in eleganten Hotels ab und er pflegte auch nicht allerorten Konversation mit der Bildungselite, denn zum einen war er geizig und durchaus bereit, auf Luxus zu verzichten, andererseits war er der kontinentalen Sprachen nicht mächtig. Ein paar rudimentäre Vokabeln und Redewendungen für das Nötigste hatte er in seinen Skizzenbüchern notiert, aber als weltgewandt konnte man sein Auftreten in der Fremde mitnichten bezeichnen. »Er reiste in einer sehr englischen – und sehr Turnerschen – Isolation«,[171] genau so, wie er sich die optimalen Bedingungen für eine ungestörte Wahrnehmung vorstellte. Gesellschaft war letztlich nur Ablenkung vom Wesentlichen.

Eine Ausnahme war Rom, wo eine gut etablierte britische Künstlerkolonie Neuankömmlinge willkommen hieß. 1828 war er mit dem späteren Präsidenten der Royal Academy, der Royal Photographic Society und der National Gallery Charles Eastlake dort, was sicher dazu beitrug, dass sich Turner hier schnell integriert fühlte. Er hatte sich ein Atelier gemietet und präsentierte – nach dem Vorbild seines Showrooms in London – eine kleine Ausstellung im Palazzo Trulli an der Piazza Sant'Andrea della Valle. Joseph Anton

Abb. 62: *Mont Saint-Michel*, 1827

Abb. 63: Joseph Anton Koch oder Umkreis: Karikatur auf Turner, 1828

Koch, in jeder Hinsicht Antipode Turners, beschreibt den Besuch der Ausstellung, ist voll des Hohns über die Exponate und zitiert jenes »caccatum non est pictum«, das sich auch in einer Karikatur wiederfindet, die Koch oder seinem Umfeld zugeschrieben wird:[172] Die auf Wolken balancierende nackte Fama, gestützt auf die Kuppel der St Paul's Cathedral, furzt über den Kanal gen Rom durch eine Posaune den Schlachtruf »Turner! Turner! Turner!«. Unterdessen erklärt ein Hund, auf seinen gerade platzierten Scheißhaufen Bezug nehmend: »Auch ich bin Künstler!« und erhält aus der Ferne jene Antwort der thronenden Roma: »Oh, Scharlatan, geschissen ist nicht gemalt.«

Über die Wirkung der Turner'schen Werke auf die römische Kulturszene meint Koch Folgendes berichten zu können:

> *So großer und grobgesinnter Pöbel sich auch einfand, die Ausstellung dieses weltberühmten Engländers, Namens Turner, in Augenschein zu nehmen, so war die Waare doch zu sehr unter aller Kritik und unter der von der modernen Welt bewunder-*

ten Mittelmäßigkeit, als daß es dem armen Turner nicht eben so schlimm ergangen wäre, wie wenn er sich in die Vortrefflichkeit selbst verstiegen hätte; denn diese beiden Extreme liebt unsere moderne Welt durchaus nicht, sie will die langweilige, schläfrige Mittelstraße, auf welcher man, trotz aller beschränkten Aussicht, doch nirgends anstößt. Diese Ausstellung ward fleißig besucht, belacht und bepfiffen, welches bei mittelmäßigen, nicht außerordentlichen Dingen unterbleibt.[173]

Angekündigt im *Diario di Roma* am 17. Dezember 1828, konnte Turners Ausstellung rund tausend Besucher verzeichnen. Zu sehen waren lediglich drei Werke, ein *Blick auf Orvieto* aus der Ferne, eine *Vision der Medea* sowie eine (weitere) Hafenszene, die Bezug auf seine Karthago-Bilder nimmt und die er später noch einmal überarbeitete: *Regulus.*

Wieder öffnet sich eine Stadt zum Meer, doch die Sonne ist noch unerbittlicher. Die Paläste beginnen im gleißenden Gegenlicht zu verblassen, einzelne Gestalten addieren sich zu Massen, werden eins mit den Schiffen, und alles, Mensch, Marine, Monumente, selbst das Meer werden in die Tiefe gesogen, ins helle Licht, um sich dort unter dem Einfluss der Sonne gänzlich aufzulösen. Was wir sehen, ist ein Prozess der Blendung, der Blendung des Regulus.

Marcus Atilius Regulus war ein römischer Anführer im Ersten Punischen Krieg. Nach anfänglichen Erfolgen unterlag seine Armee den Karthagern und er geriet in Gefangenschaft. Die Legende besagt, er sei auf sein Ehrenwort hin, er werde zurückkehren, nach Rom entsandt worden, um einen Gefangenenaustausch und Waffenstillstand zu verhandeln. Entgegen seinem Auftrag empfahl er eine Fortsetzung des Krieges, kehrte aber – römisches Ehrenwort – nach Karthago zurück, wo ihm vor seiner Hinrichtung die

Abb. 64: *Regulus*, 1828

Augenlider weggeschnitten wurden. Schutzlos der afrikanischen Sonne ausgesetzt, erblindete er.

Turner zeigt nichts von der Misshandlung. Denn der Betrachter selbst nimmt die Position des Helden ein. Die Helligkeit der Sonne übermannt ihn, und bevor er das Augenlicht verliert und es ganz dunkel wird, sieht er noch einmal ins totale Licht, das ihn umfängt. Der Kritiker des *Spectator* beschrieb die Wirkung des Gemäldes durchaus zutreffend: Die einzige Möglichkeit, sich mit dem Werk auszusöhnen, sei ein Blick aus größtmöglicher Distanz – »dann sieht man nichts als eine Lichtexplosion«.[174]

Die Betrachtung des Gemäldes, eigentlich ein Vorgang des Sehens und Erkennens, wird zum Akt des Verschwindens und Erblindens. Selten wird im Werk Turners deutlicher, worum es ihm geht: Er ist angetreten, um das Sehen selbst zu malen.

Reisen blieb für ihn wichtige, ja wichtigste Inspirationsquelle. Und Inspiration war Grundlage seines Berufs; insofern betrachtete er das Reisen als elementar. Weiterhin hielt er tausendfach Straßen, Bauten, Tätigkeiten auch als Indizien gesellschaftlicher Zustände fest, zudem thematisierte er das Reisen selbst und seine Fortbewegungsmittel. Dabei hatte er durchaus seine Freude an unerwarteten Abenteuern, wie jenem Unfall auf dem Mont Tarare nordwestlich von Lyon, dem er ein Aquarell widmete. *Die Herrschaften Reisenden bei ihrer Rückkehr aus Italien (vermittels Postkutsche) in einer Schneeverwehung auf dem Mont Tarare* präsentierte er auf der Frühjahrsausstellung der Royal Academy. Der ausführliche Titel, Ort, Zeit, Ereignis und Dargestellte benennend, macht deutlich, dass es sich um ein »Historienbild« handelt, welches jedoch zugleich mit ironischem Unterton versehen ist. Der dickliche Herr

Abb. 65: *Die Herrschaften Reisenden bei ihrer Rückkehr aus Italien (vermittels Postkutsche) in einer Schneeverwehung auf dem Mont Tarare*, 1829

mit Hut, der uns den Rücken zudreht und die Szene beobachtet, dürfte Turner selbst sein.

In einem Brief an Charles Eastlake von 1829 schilderte Turner sein Abenteuer auf dem Weg von Italien nach Paris anschaulich.

> *Nun zu meiner Heimreise. Glaub mir, kein armer Teufel hatte je eine wie ich, doch war sie wenigstens in einem lehrreich, nämlich, nie wieder so tief im Winter aufzubrechen, denn der Schnee begann bei Foligno zu fallen, mehr Eis als Schnee, so dass die Kutsche durch ihr Gewicht hin und her schleuderte. Zu Fuß zu gehen, war bei weitem vorzuziehen, doch meine unzähligen Leibröcke*

verweigerten mir den Dienst, so war ich bald durch und durch nass, bis bei Sarre-valli die Postkutsche in einen Graben rutschte; es bedurfte sechs Ochsen, nach denen man drei Meilen weit hatte schicken müssen, um sie herauszuziehen,

berichtet Turner, um nach einer ausführlichen Schilderung stundenlanger Verspätungen, miserabler Unterkünfte, von zuvorgekommenen Reisenden leergefressener Lokale und ermatteter Gäule mit dem eigentlichen Geschehen zu enden.

Mont Cenis bezwangen wir in einem Schlitten. Wir biwakierten drei Stunden im Schnee bei hell brennenden Feuern am Mont Tarare, während die Postkutsche hergerichtet und ausgegraben wurde, vor dem völligen Umkippen hatte sie eine Schneeverwehung bewahrt. In derselben Nacht mussten wir erneut aussteigen und durch kniehohen Neuschnee stapfen, um Hilfe zu holen, die einen Weg für die Kutsche freischaufeln sollte. So sah ich von Foligno bis etwa zwanzig Meilen vor Paris nie die Straße, nur Schnee![175]

Dass er im folgenden Jahr nicht erneut nach Rom kam, betrübte seine dortigen Landsleute: »Wir sind alle traurig, daß Turner dieses Jahr nicht kommen konnte, wie er beabsichtigt hatte. Er war sehr gesellig und schien sich unter uns äußerst wohl zu fühlen«, schrieb Peter Powell an Charles Robert Leslie.[176]

Während Turner auf Reisen war, hatte sein Vater in London die Stellung gehalten. Er wohnte im Haus seines Sohnes und assistierte ihm, etwa bei der Vorbereitung der Leinwände. Sein Tod 1829 erschütterte Turner tief. »Seine Gefühle trug er nur selten an der Oberfläche, aber sie waren tief und dauerhaft. Keiner konnte sich vorstellen, daß hinter dem rauhen und kalten Äußeren derartige Gemütsbewegungen verborgen lagen«, schrieb Clara Wheeler. »Ich habe ihn mehr als einmal bitterlich weinen sehen, vor allem beim Tod seines Vaters, der für ihn überraschend kam, denn er war blind dem Unvermeidlichen gegenüber, das er fürchtete.«[177] Gleichwohl scheint ihn der Tod seines Vaters veranlasst zu haben, erstmals ein Testament zu verfassen.

Turner musste sich und anderen nichts mehr beweisen. Er war seinen Weg gegangen. Um 1820 hatte er das Spektrum seiner stilistischen Mittel ausgeschöpft. Es würden noch viele herausragende Werke entstehen, aber sie alle waren bereits in jenem Potenzial angelegt, das er bis spätestens zu seinem ersten Venedig-Besuch 1819 entwickelt hatte. Die eigene Wahrnehmung war alleiniger Maßstab, und wenn er auch weiterhin den Markt mit solider Konvention bediente, die als Gradmesser das Erwartbare setzte, so gab es doch jenseits dessen andere kreative Dimensionen, die ihm vorschwebten. »Malen Sie immer Ihre Eindrücke und Empfindungen, versuchen Sie nicht, die peinigende, prosaische Wirklichkeit einzufangen«, riet Turner einem Schüler.[178] Doch was ist für Turner Wirklichkeit, was Impression und Empfindung? Ist nicht am Ende der Eindruck real und die Realität lediglich ein Konstrukt? Ist es nicht das Licht, das die Dinge erst konstituiert, sollte also am Ende das Licht wirklicher sein als die Materie?

Bereits der erste Professor für Kunstgeschichte in Deutschland, Johann Domenico Fiorillo, hatte den noch jungen Turner 1808 als »einen der achtungswürdigsten Künstler der brittischen Schule« bezeichnet, »der jedoch in seinen letzten Gemählden etwas zu flüchtig geworden ist«.[179] Was hätte er zu Turners Spätwerk gesagt? Mancher hat im Verschwimmen der Konturen und der

Auflösung der Formen eine zunehmende Sehschwäche Turners erkennen wollen,[180] doch auch das wäre ja nichts anderes als eine wahrheitsgetreue Wiedergabe der (subjektiven) Wahrnehmung.

Hatte er seine unverwechselbare Handschrift gefunden, so fehlte es ihm lange an einem unverwechselbaren Thema, an einem Sujet, das noch keiner wirklich konsequent verfolgt hatte. *Die Flüsse Europas* war ein solches. Den Rhein kannte er, die Seine, Loire, Maas und Mosel hatte er erkundet. 1832 war der erste, der Loire gewidmete Band seiner *Annual Tour, or The River Scenery of Europe* erschienen.[181] Jetzt stand als Nächstes die Donau an. So fuhr Turner 1833 über die Maar und den Mittelrhein nach Mannheim, besuchte Heidelberg, München und Salzburg, machte einen Abstecher über die Donau nach Wien, bevor er sich wieder nach Westen wandte und am Brenner die Alpen überquerte.[182] Sosehr ihn das Fluss-Projekt beschäftigte, Venedig als Kapitale des Lichts blieb Turners Idealstadt. Der Erfolg seiner gefälligen Venedig-Bilder, die er im gleichen Jahr in der Akademie gezeigt hatte, war der Impuls, die Eindrücke des viel zu kurzen Aufenthalts, der inzwischen außerdem 14 Jahre zurücklag, aufzufrischen – zumal ihm die Reise von einem seiner ebenso wohlhabenden wie begeisterten Sammler finanziert wurde.[183] Wieder nahm er wesentliche Impressionen mit nach Hause, die ihn noch über Jahre beschäftigten und ihn rückblickend als Wegbereiter der Moderne erscheinen lassen sollten. Und wieder schuf er in den kommenden Jahren zugleich marktkonforme Venedig-Veduten, die ganz darauf angelegt scheinen, den Erwartungen zu entsprechen, auch wenn selbst sie manchen Kritiker in Rage versetzen sollten.

FLUCHTPUNKTE

»Turner war oft bei Lord Egremont und verbrachte dort einige seiner glücklichsten Tage«, schrieb Walter Thornbury. »Der freundliche, raue, ehrliche Gebieter über Petworth mochte ihn, und es lief gut zwischen den beiden exzentrischen Männern.«[184] Bereits 1802 hatte George O'Brien Wyndham, dritter Lord von Egremont, ein erstes Werk Turners gekauft, 1809 bei ihm dann Ansichten seines Anwesens in Auftrag gegeben. Zwischenzeitlich war das Verhältnis ein wenig abgekühlt; nach dem Tod von Walter Fawkes orientierte sich Turner aber wieder verstärkt nach Petworth, und Lord Egremont richtete dem Maler 1827 sogar ein eigenes Atelier ein. Der vermögende Großgrundbesitzer Wyndham hatte sich in der Vergangenheit nicht nur als Wohltäter und Förderer öffentlicher Bauten und des Gesundheitswesens hervorgetan, sondern auch als Mäzen für Künstler, die vielfach auf seinem Anwesen als Gäste weilten. Seine Sammlung von mehr als 600 Gemälden umfasste Werke der Vergangenheit als auch von Zeitgenossen (Reynolds, Hogarth, John Constable, George Romney, John Flaxman und John Edward Carew). Für Turner allerdings hatte Egremont eine besondere Schwäche. Der Maler schuf allein in Petworth House rund zwanzig Ölgemälde und über hundert Aquarelle. Gastkünstler durften die Werke der Sammlung auch zum intensiveren Studium mit auf ihre Zimmer nehmen oder Werke zu Vergleichsstudien neu arrangieren.[185] Damit bot die feudale Domäne etwas, was bei aller Kopier-Sitte an den Akademien selten zur Verfügung stand: eine Kunstgeschichte von der Antike bis zur Gegenwart anhand von Originalen.

Abb. 66: *Billardspieler*, Petworth, 1828

»Petworth ist ein sehr stiller, ziemlich alter Ort, und, als ein völliger Kontrast zum Lärm und Rauch Londons, ist er köstlich«, so Thornbury.[186] Es muss für damalige Verhältnisse eine legere, libertäre, ja in den Augen vieler Zeitgenossen gar anarchistische Atmosphäre innerhalb des weitläufigen Besitzes geherrscht haben. Standesunterschiede kümmerten Wyndham kaum und jeder Anflug von höfischer Etikette war ihm zuwider.

> *Petworth House ist ein großer, aristokratisch anmutender Ort, angrenzend an einen Park, den eine massive, zwölf Meilen lange Mauer umgibt. Ich denke nicht, dass es in einem Bild gut aussieht, denn es ist ein langes, grades, weißes Gebäude voller Fenster, aber im Inneren ist es schön. Du läufst durch Räume aus Weiß*

und Gold, weit und hell, und durch Marmorhallen und geschwungene Zimmer, in denen die blassen Augen der Ahnen auf einen herabblicken, einige scheinen lang entschwundene Geister, andere lebendige Bilder heiterer Schönheiten, die noch zu atmen scheinen.[187]

Vielleicht war auch die von Thornbury erwähnte Langweiligkeit der Fassade einer der Gründe, warum sich Turner hier – Seltenheiten in seinem Œuvre – auch an Interieurs versuchte.

Den eher heiteren Studien aus Petworth stehen nach 1830 düstere Säle und Kellergewölbe entgegen, die mit East Cowes Castle, dem Anwesen des Architekten John Nash, in Verbindung gebracht werden und eine Auseinandersetzung mit Rembrandt zu belegen scheinen. So deutlich wie selten wird hier Turners Malweise unter Einsatz nicht nur des Pinsels und Palettenmessers, sondern auch des Pinselstiels und seines Daumennagels (den er zu diesem Zweck extra länger wachsen ließ). Geradezu gespenstisch ist das schemenhafte *Interieur eines großen Hauses*, in dem ein Katafalk in einem feudalen Raum zu stehen scheint. Im Beiwerk, das sich auf dem Boden ausbreitet, lassen sich ein umgestürztes Sitzmöbel und einzelne Hunde ausmachen, im Spiegel hinten links ist eine weiße Gestalt zu sehen, durch das zentrale Tor fällt das Licht, das sich als materialisierte Fetzen in den Raum ergießt. Der Sarg mag auf das Ableben Lord Egremonts 1837 anspielen,[188] könnte sich aber ebenso gut auf den Tod John Nashs 1835 beziehen.

Vorausgegangen sind diesem Gemälde ab Mitte der 20er Jahre eine Reihe von Werken, welche die Formen kubisch vereinfachen und zugleich kompakter behandeln, als habe Turner jene außergewöhnlichen neapolitanischen Ölskizzen von Thomas Jones

Abb. 67: *Interieur eines großen Hauses*, in Verbindung gebracht mit East Cowes Castle, 1830-37

zu Gesicht bekommen, die dieser in seiner Midlife-Crisis um 1782 geschaffen, jedoch niemals öffentlich gezeigt hat.

Spätestens mit dem Verlust von Egremont – einer weiteren Residenz, die für Kunst und Geselligkeit ihre Pforten schloss – wurde Turner klar, dass auch seine Ära dem Ende entgegenging. »Turner war ein einsamer, alter Mann geworden«, so John Walker.[189] Sollte er nun kapitulieren oder doch besser jede Rücksicht auf den Kunstmarkt über Bord werfen? Das *Interieur in einem großen Haus* scheint für Letzteres zu sprechen.

Anhand solcher Werke entzündete sich aber auch die Frage, ob es sich wirklich um fertige oder doch um unvollendete Werke handelt.[190] Vielleicht ist beides zutreffend: Turner hat – vergleichbar

Abb. 68: Thomas Jones: *Neapel. Gebäude auf einem Felsen*, 1782

Abb. 69: *Italienische Bucht*, 1827-28

dem sogenannten *Infinito* Michelangelos – endgültig die besondere Qualität der Dynamik erkannt, die seine spontanen Skizzen vermitteln und eine solche Skizze monumentalisiert. Das Vage, Schattenhafte, Angedeutete wird somit zum Endgültigen, das Flüchtige zum Statement.

Die innere Unruhe Turners spiegelt sich nicht nur in seiner regen Reisetätigkeit, sondern auch im Wechsel zwischen Metropolen und kleinen Fluchten in abgelegene Rückzugsorte. Ab 1829 finden wir ihn wiederholt im Küstenstädtchen Margate – das 2011 durch David Chipperfield eine Kunsthalle errichten ließ, die Turners Namen trägt und damit wirbt, einen authentischen Turner-Meerblick zu bieten. In Margate stieg er in einer kleinen Pension in Hafennähe ab, die ihm einen perfekten Blick auf den Sonnenaufgang gewährte. Betrieben wurde das Hotel vom Ehepaar Booth.

Ursprünglich aus Dover stammend, wo sie als Kind deutscher Einwanderer 1798 zur Welt kam, hatte Sophia Caroline Booth, geborene Nolte, mit zwanzig Jahren den Fischer John Henry Pound aus Margate geheiratet, der sie bereits drei Jahre später mit zwei Söhnen als Witwe zurückließ. Eine zweite Ehe war sie daraufhin mit John Booth eingegangen, damals bereits um die 60, mit dem sie die Pension eröffnet hatte. Als John Booth 1833 an der Cholera starb, dehnten sich die Aufenthalte Turners in Margate aus. Wie und wann die Beziehung mit seiner langjährigen Freundin Sarah Danby endete, bleibt im Dunklen.

Nachdem Turners so kreative Zeit in Petworth mit dem Tod George Wyndhams 1837 vorbei war, hatte er noch mehr Zeit für seine späte Geliebte Sophia Booth, schenkte ihr Zeichnungen, widmete ihr Gedichte. Vom Reisen allerdings ließ er sich auch weiterhin nicht abbringen. Die Mosel und der Rhein standen an, der auch auf seinen weiteren Reisen fester Bestandteil der Route wurde. 1832 war er erneut in Paris, 1836 unterwegs über Reims, Dijon und Genf ins Aostatal, weiter bis Turin und zurück über den Mont Cenis, 1840 fuhr er über Rotterdam und Bregenz noch einmal nach Venedig und zurück über Innsbruck, München, Passau und Regensburg. 1846 schließlich zogen William Turner und Sophia Booth gemeinsam nach Chelsea, wo sie unter dem Namen Booth ein Haus an der langgestreckten Promenade, dem Chane Walk, anmieteten. Keineswegs verschlafenes Fischernest mit windschiefen Katen, sondern bereits damals vornehme Adresse.

Damit wird en passant deutlich, welch wunderbare Mischung aus Dichtung und Wahrheit die eingangs geschilderte Szene um Mister Booth ist und welch bedeutenden Anteil auch an Künstlerbiografien Legendenbildungen haben.

Turners Haus, 119 Chane Walk, gehörte später Ronnie Wood – bildender Künstler, Galerist und Gitarrist der *Rolling Stones*. Man darf sich die heute längst neureiche Nachbarschaft allerdings auch zu Turners Zeit als illuster vorstellen. Elizabeth Gaskell, Edward Dundas Butler und Charles Edward Modie wurden hier geboren und auch für Künstler der Generation nach Turner war der Chane Walk eine reizvolle Adresse. Dante Gabriel Rossetti bezog 1861 das Haus Nummer 16, James McNeill Whistler lebte in der Nummer 21 und William Dyce in Nummer 4. Unter dieser Adresse starben Daniel Maclise (1870) und auch George Eliot (1880), die allerdings nur die allerletzten Tage ihres Lebens hier verbrachte.

Für Turner sollte der Chane Walk ebenfalls die letzte Station seines Lebens werden. Fünf Jahre blieben ihm noch.

SINNE UND VERSTAND

Bis ins 19. Jahrhundert arbeiteten die britische Zentralbank und das Finanzministerium mit Kerbhölzern, um Finanztransaktionen und Steuerschulden festzuhalten. Nach einer Steuerreform 1826 wurde diese archaische Buchführung obsolet und es gab keinen Grund mehr, sich nicht der Massen an Holzleisten zu entledigen, welche die Magazine blockierten. Als der Entschluss endlich in die Tat umgesetzt wurde, war die Euphorie der Verwaltung so ungehemmt, dass die Feuer, die man am 16. Oktober 1834 im Hof des Westminster-Palastes entzündete, nicht nur die Kerbhölzer, sondern praktisch den gesamten Palast vernichteten.

Turner hat zwei Veduten des Spektakels geschaffen, die aufgrund des Ereignisses zugleich Historienbilder sind. Einmal aus der Ferne, einmal aus der Nähe, unmittelbar vom gegenüberliegenden Ufer.

Hier ist es die Westminster Bridge, der besonderes Augenmerk gilt, ohne dass sich Turner um eine exakte räumliche Darstellung bemüht hätte. Als habe er nach den ersten drei der insgesamt 15 Bögen bemerkt, dass er die Leinwand allein mit der Brücke füllen würde, sollte er perspektivisch korrekt fortfahren, verzichtet er zunächst auf die Darstellung einzelner Bögen und auf die charakteristischen Kalotten über jedem Brückenpfeiler. Es scheint, als liege sein Standpunkt nun näher an der Brücke. Dann aber, etwa auf der Hälfte ihrer Strecke über den Fluss, macht die Brücke plötzlich einen Knick, um rasant in die Tiefe zu fluchten. Aus der Aufsicht wird eine Untersicht. Es kann daher kaum davon die Rede sein, die Brücke würde hier als »stabilisierende Kraft« der Feuersbrunst

Abb. 70: *Der Brand des Parlaments*, 1834

Abb. 71: *Der Brand des Parlaments*, 1835

entgegengestellt.[191] Im Gegenteil. Drei Bögen der Brücke genügen, um ihre Wiedererkennbarkeit zu garantieren, darüber hinaus hat die Dramaturgie Vorrang. Der Maler vollzieht während der Beobachtung bzw. während der Arbeit zweimal Perspektivwechsel und vereint so drei Standpunkte in einem Bild. Dadurch steigert er die Dramatik der ohnehin dramatischen Szene auf Kosten einer korrekten Räumlichkeit – und das, obwohl er jahrelang Perspektive gelehrt hatte. Gerade die perfekte Beherrschung des akademischen Reglements verleiht ihm die Souveränität, sich vollkommen darüber hinwegzusetzen.

Bei der Fernsicht auf das Spektakel steht die Reflexion des Feuers in den Wassern der Themse im Vordergrund. Die Flammen, die aus dem Parlament züngeln, erscheinen dabei wie ein gigantischer Vogel, ein Phönix, der flügelschlagend seine Klauen in die Kuppel der St Paul's Cathedral schlägt und auf London herabblickt. Ein Wesen wie von Max Ernst erdacht. Die Verschmelzung der Elemente, das Flirrende, Heiße spiegelt sich im Feuchten, Kühlen; es ist nicht mehr auszumachen, wer von beiden für das Erzittern verantwortlich ist, das bei der Vereinigung die Elemente durchfährt. Anhand dieses Bildes wird anschaulich wie sonst selten, warum Michel Serres am Ende seiner Betrachtungen zu Turner resümiert: »Turner hat niemals etwas anderes gemalt als den kosmischen Koitus. Es ist so deutlich, daß niemand es sieht.«[192]

In ihrem explosiven, orgiastischen Charakter erscheinen beide Gemälde des Parlamentsbrandes zugleich wie Gegenentwürfe zum berühmten Sonett von William Wordsworth, *Composed upon Westminster Bridge, September 3, 1802*, in dem der absolute Friede beschrieben wird:

Earth has not any thing to show more fair:
Dull would he be of soul who could pass by
A sight so touching in its majesty:
This City now doth, like a garment, wear
The beauty of the morning; silent, bare,
Ships, towers, domes, theatres, and temples lie
Open unto the fields, and to the sky;
All bright and glittering in the smokeless air.
Never did sun more beautifully steep
In his first splendour, valley, rock, or hill;
Ne'er saw I, never felt, a calm so deep!
The river glideth at his own sweet will:
Dear God! the very houses seem asleep;
And all that mighty heart is lying still![193]

Wo Wordsworth von der stillen Schönheit des Morgens schreibt, zeigt Turner die wilde Zerstörung in der Nacht, nichts ist mehr hell und frei von Rauch, nirgends taucht eine Sonne die Landschaft in einen ersten Glanz, von tiefer Ruhe keine Spur, auch der Fluss gleitet nicht lieblich dahin, sondern scheint zu brennen und vom sanften Schlaf der Bauwerke kann keine Rede sein. Das Herz der Stadt schlägt nicht friedlich, es ist zum Ort des Entsetzens und der Vernichtung geworden, denn es wird vor den hellwachen Augen der gaffenden Bewohner ein Raub der Flammen.

Turner kann die Faszination nicht verhehlen, die er angesichts der Szene verspürte. Das Schauspiel kam seiner Begeisterung für entfesselte Elemente entgegen, die mit zunehmendem Alter wuchs. Unruhe, Turbulenz, Desaster: von abgeklärter Altersmilde kann bei Turner keine Rede sein.

Sich mit anderen zu messen, die Kunst als Wettstreit zu empfinden, hatte für ihn von jeher einen besonderen Reiz. Da blieb es nicht aus, dass er auch seinen Erzrivalen John Constable herausforderte, mit dem ihn sein unbedingter Einsatz für die Landschaftsmalerei verband, von dem ihn aber zugleich ein vollkommen verschiedener Blick auf die Natur trennte.

An einem Abend vor der akademischen Sommerausstellung, so die Legende, musste Turner bemerken, wie eines seiner eher blassen, kühl-tonigen Seestücke neben dem farbintensiven Gemälde Constables hing, für das dieser seit zwölf Jahren Studien und Entwürfe angefertigt hatte und das die *Eröffnung der Waterloo Bridge am 18. Juni 1817* zeigt. Akzentuiert wird das Bild durch den Aufmarsch der Rotröcke, die in Begleitung des Prinzregenten an Bord mehrerer langgestreckter Boote gehen. Turner malte daraufhin vor Ort schnell noch eine rote Boje in sein Werk, was Constable als Provokation empfunden haben soll. Doch damit nicht genug, Turner nahm sich das Motiv der Waterloo Bridge seinerseits vor und demonstrierte dem Konkurrenten und der Kunstwelt, vielleicht auch nur sich selbst hinter verschlossenen Türen, seine so grundlegend andere Wirklichkeitsauffassung: Die Stadt verschwindet im Ungefähren, an die Stelle der Ruderboote sind Dampfschiffe getreten, die einförmig grauen Wolken Constables werden durch den wirbelnden Smog der Metropole verdrängt, statt der Bäume am Ufer recken sich Rauchschwaden gen Himmel.

Jene Noblesse, die Constable pflegte, jener Friede, den Wordsworth in seinem Brücken-Poem beschwört, hatten durchaus auch weiterhin ihren Platz in Turners Werk, doch im Naturspektakel scheint er zusehends die wahre Herausforderung gesehen zu haben.

Abb. 72: John Constable: *Eröffnung der Waterloo Bridge am 18. Juni 1817*, 1829

Abb. 73: *Waterloo Bridge*, 1830-35

Wie in seinen Gemälden an die Stelle des Pittoresken die Dynamik der Elemente tritt, veranschaulichen auch diverse Aquarelle – etwa die Ansichten von Llanthony Abbey, einer Ruine, die Turner zwischen 1792 und 1834 in Aquarellen festhielt. Während es in frühen Versionen um die malerische Ruine im Zustand zwischen Kultur und Rückeroberung durch die Natur geht, angereichert mit Staffagefiguren – etwa Hirten oder Wanderern mit Hunden –, verschwindet die Abtei vierzig Jahre später in Dunst und Wolken, um dem reißenden Wildbach den Vortritt zu lassen.

So wie er keine Hierarchie der Genres gelten ließ, gab es bei Turner auch keine Hierarchie der Elemente. Feuer, Wasser, Luft, irdische Substanzen und alle Mischformen, wie Rauch, Gewitter oder Seestürme, waren ihm letztlich gleichwertig.

Die meistkolportierte, weil besonders treffende Künstlerlegende zu Turner handelt von der Beschwerde eines amerikanischen Sammlers, der ein Bild über einen Kunsthändler bestellt hatte und dem das gelieferte Werk zu undeutlich erschien. »Sagen Sie ihm«, ließ der Maler ausrichten, »dass Undeutlichkeit meine Stärke ist.«[194]

Die durch Italien befreiten Bilder – befreit von Staffagefiguren und anderen Regeln der Kunst – lassen Turner rückblickend als prä-abstrakten Maler erscheinen. Doch es geht vor allem um eine authentische naturalistische Wahrnehmung, um das tatsächliche Erscheinungsbild der Dinge, der Natur unter den Bedingungen des Einflusses der Elemente. Es geht um das mit den Sinnen Aufgenommene, das real Erfahrene. Vielleicht zeigt sich Turner hier sogar von John Locke, dem Helden der Whigs, beeinflusst oder darf sich wenigstens durch ihn bestätigt sehen: Der Unmittelbarkeit der Wahrnehmung und der Erfahrung gegenüber dem abstrakten

Abb. 74: *Llanthony Abbey*, 1794

Abb. 75: *Llanthony Abbey*, 1834

Denken den Vorrang zu geben, war seine Devise, denn was nicht zuvor von den Sinnen erfasst worden sei, könne auch nicht durch den Verstand gefasst werden – *nihil est in intellectu quod non (prius) fuerit in sensibus*.

MOND UND SONNE – GOLD UND BLUT

Eine andere Frage ist die nach politischen Botschaften in Turners Bildern. Unbestritten zeigen sie in romantischem Licht gelegentlich den gesellschaftlichen Umbruch der industriellen Revolution, wie in seiner Hafenansicht von Newcastle, in der Kohle aus den Bergwerken zum Weitertransport auf Schiffe verladen wird, oder in seinem Aquarell von Dudley, das er für eine Publikation über die *Pittoresken Ansichten in England und Wales* schuf. Wie der Titel bereits sagt, steht auch hier das Pittoreske, bereichert durch den Gegensatz unterschiedlicher Lichtquellen, im Vordergrund.

Einige herausragende Werke jedoch konkretisieren seine Haltung ein wenig, darunter sein wohl berühmtestes Gemälde.

Die letzte Fahrt der Temeraire muss ein außergewöhnliches Schauspiel gewesen sein. Das Schiff, einst ausgestattet mit 98 Kanonen, dessen Name im Französischen so viel wie »kühn« oder »verwegen« bedeutet, wurde von Schaufelraddampfschleppern von Sheerness in Kent die Themse hinauf nach London gezogen, um an den Quais von Rotherhithe abgewrackt zu werden. Die Admiralität hatte den maroden Segler verkauft, einen echten Veteranen, bewährt in den Napoleonischen Kriegen, speziell in der Schlacht von Trafalgar an der Seite der *Victory* Admiral Nelsons. 1838 allerdings war die Temeraire bestenfalls noch das Holz wert, das man in ihr verbaut hatte. Immerhin 5000 Eichen. Dass Turner dem Ereignis des Abschleppens selbst beiwohnte, ist eher unwahrscheinlich,

Abb. 76: *Hafenarbeiter [Keelmen] verladen Kohle bei Mondlicht*, 1830

allerdings lag das Schiff zuvor ein gutes Dutzend Jahre in Sheerness, auf halbem Weg zwischen London und Margate, so dass Turner es zweifellos gesehen hat.

War es in Wahrheit bereits seiner Segel und Masten beraubt, so zeigt Turner die letzte Fahrt in vollem patriotischem Pathos, intakt und strahlend, wenn auch ohne die Flagge, unter der es einst segelte. Darauf weist er selbst hin, indem er dem Bild bei der Ausstellung wie gewohnt einige Gedichtzeilen zur Seite stellte, diesmal frei nach Thomas Campbell: »Die Flagge, die trotzte Schlacht und Wind, gehörte ihr nicht mehr.« Stattdessen weht ihr voran auf dem Mast des Schleppers eine weiße Flagge, die dem Parlamentär gebührt, dem Friedensvermittler. Waren es tatsächlich zwei Schlepper, die die *Temeraire* zogen, hat sich Turner in seinem

Gemälde auf einen beschränkt, wodurch die Energieleistung des dunklen Kraftpakets modernster Technik noch deutlicher herausgestellt wird. Die Segel des Kriegsschiffes sind eingerollt, stattdessen raucht der Schornstein des kleinen Dampfers, der eine neue Ära, die Ära der Industrialisierung verkörpert.

Es ist ein Nacht-Tag-Bild. Mond und Sonne stehen zugleich am Himmel, kalte und warme Töne treffen aufeinander. So wie die Energie der Sonne die Wolken erglühen lässt, färbt das Feuer des Dampfers den Rauch, der aus dem Schornstein steigt und als Fahne durch die Takelage des Segelschiffs zieht, dessen silbrige, geisterhafte Erscheinung mit dem Mond korrespondiert. Da das Schiff westwärts geschleppt wird, muss es sich bei dem Himmelsszenario um einen Sonnenaufgang handeln, was passend wäre, da die Sonne hier für das aufgehende Zeitalter zu stehen scheint, während der Mond dabei ist zu verblassen.[195]

Sicher auch aufgrund seiner gelungenen Symbolik war das Gemälde eines von Turners Lieblingen, die er trotz diverser Angebote nicht verkaufte. Dem Genre der Seestücke und Marinebilder, den zahllosen Darstellungen von Fischerbooten, Segelschiffen und Seeschlachten fügte er hier einen ganz neuen Aspekt hinzu, dessen dürfte er sich bewusst gewesen sein.

Bis heute ist *The fighting Temeraire* das bekannteste und beliebteste Gemälde in Großbritannien geblieben[196] und wurde immer wieder aufs Neue zitiert und inhaltlich aufgeladen, etwa im James-Bond-Film *Skyfall* von 2012, in dem die Begegnung des jungen, smarten und computeraffinen Quartiermeisters (Ben Whishaw) mit dem alternden, kampferprobten, aber etwas aus der Zeit gefallenen Doppel-Null-Agenten (Daniel Craig) vor dem Gemälde in der National Gallery stattfindet.

Abb. 77: *The fighting Temeraire*, 1839

Ein weiteres Seestück der besonderen Art war *Das Sklavenschiff*, entstanden im Jahr darauf. In England, noch immer bedeutendste Macht im Menschenhandel – angesichts der inoffiziellen Hymne *Britannia, rule the waves, Britons never will be slaves* aus dem Jahr 1740 einigermaßen doppelmoralisch –, setzte sich nur langsam ein offizielles Verbot durch. Sklaven waren ein bedeutender ökonomischer Faktor und es war unbequem, sie als Menschen und nicht als Ware zu betrachten. Als Ware, die gegen Verlust versichert werden konnte. Es war lange Usus gewesen, die hohe Sterblichkeitsrate an Bord der Schiffe nicht nur in Kauf zu nehmen, sondern sie durch ein Zusammenpferchen der Sklaven ohne jede medizinische oder hygienische Grundversorgung noch zu befördern.

Ein Ereignis allerdings, das das ganze Ausmaß dieser pervertierten Ökonomie offenbarte, wurde selbst in England zur Kenntnis genommen und trug langfristig dazu bei, dass man die gängige Praxis überdachte.

Auf der Überfahrt von Accra nach Jamaica war das Sklavenschiff *Zong*, hochversichert und völlig überladen, durch fehlerhaftes Navigieren nicht ganz auf Kurs und steuerte auf die feindliche Nachbarinsel Hispaniola zu. 62 der ursprünglich 442 Sklaven waren bereits gestorben, als der Irrtum bemerkt wurde. Nun entschied die Crew, wegen akuten Wassermangels mehr als hundertfünfzig weitere Sklaven lebendig über Bord zu werfen, zunächst Kinder und Frauen, in den folgenden Tagen auch Männer. Mit 208 Sklaven an Bord erreichte das Schiff schließlich den Zielort Black River.[197]

Der Massenmord wurde nicht als solcher geahndet, sondern auch juristisch als »Notwurf« betrachtet. Die Versicherung musste gegenüber den Mördern für den ihnen durch die Ermordung entstandenen Schaden aufkommen und »Reparationszahlungen«

leisten. Ein düsteres Beispiel für die Prioritäten des Kapitalismus in der »Nation of Shopkeepers«.

William Turner war sechs Jahre alt, als sich das Massaker zutrug. Gemalt hat er es rund sechzig Jahre später, im Jahr 1840 quasi als weiteres Historiengemälde. Im selben Jahr versammelte sich die neugegründete *British and Foreign Anti-Slavery Society*, gern als erste Menschenrechtsorganisation der Welt betrachtet, erstmals zu einer Konferenz in Exeter. Gefordert wurden die weltweite Ächtung und Abschaffung der Sklaverei, ein Ziel, das nie erreicht werden sollte. Turner immerhin hat die hehren Ambitionen durch sein Gemälde unterstützt, das er in der Royal Academy ausstellte. Das beliebte Sujet des Schiffbruchs erhielt so eine politische Note. Es ging diesmal nicht nur um die Vergeblichkeit ehrgeiziger menschlicher Vorhaben als Spielball der Elemente, sondern zudem und vor allem um einen humanistischen Aspekt.

Himmel und Meer scheinen hier den Anspruch des Seestücks noch zu unterstreichen, das John Ruskin für »das vornehmste, das je ein Mensch gemalt hat« hielt, wohl auch, weil er selbst der Besitzer war:

> *Es ist ein Sonnenuntergang auf dem Atlantik nach langem Sturm; der Sturm ist teilweise besänftigt, und die zerrissenen und strömenden Regenwolken ziehen in scharlachroten Linien, um sich selbst in der Höhle der Nacht zu verlieren. Die gesamte Meeresoberfläche im Bild ist in zwei Furchen enormer Ausdehnung geteilt, nicht hoch, nicht lokal, sondern ein niedriges, breites Anschwellen des ganzen Ozeans, wie die Erhebung seines Busens durch einen tiefeingezogenen Atemzug nach den Torturen des Sturms. Zwischen diesen zwei Furchen fällt das Feuer des Sonnenuntergangs entlang den Tälern der See, sie färben mit*

Abb. 78: *Das Sklavenschiff*, 1840

schrecklichem aber herrlichem Licht, der eindringlichen aber grausigen Pracht, die wie Gold brennt und wie Blut badet.[198]

Ruskins Worte, auch wenn er hier keine Silbe über das Thema des Bildes verliert, erinnern in ihrer Wucht nicht nur an Beckfords *Vathek* und dessen »blutrote Fluten«, sondern sind so gewählt, dass sich der politische Gegenstand darin abzeichnet. Die Tortur des Sturms, das ist die Sklaverei, die nur teilweise besänftigt, nur teilweise abgeschafft ist. Und nun, im Licht der Sonne, im Licht der Wahrheit, werden in den Tälern der gespaltenen See das Gold und Blut, der Schrecken und das Grauen sichtbar. Licht und Farbe sind Teil des Bildsujets; sie übersetzen den inhumanen Exzess in die Darstellung der Gewalten der Natur, wohingegen Ruskins emphatische Schilderung lediglich als Rückübersetzung in die Sprache der Menschen zu verstehen ist – oder, anders betrachtet, eine massive verbale Folie über das Gemälde legt, die ihm die Luft zum Atmen nimmt, kaum Raum für andere Sichtweisen lässt und mit dem Gemälde selbst zu konkurrieren scheint. Turners Bild droht gar zur Illustration eines anderen Kunstwerks zu werden: der metapherngesättigten Kunstlyrik Ruskins.

Auf Ruskin geht auch der Titel eines anderen Turner-Werks zurück, des Aquarells *Der Morgen nach dem Schiffbruch*, das lediglich einen Hund zeigt, der einsam gegen die Wellen anbellt oder als einziger Überlebender erschöpft und jaulend den Verlust seiner Vertrauten beklagt, die im Dunkel der Nacht gesunken sind, wie Ruskin nahelegt. Erde, Wasser und Himmel fließen ineinander und einmal mehr verblasst die schmale Mondsichel, die letzte Reflexe auf das Meer und den feuchten Sand zaubert, angesichts des nahenden Tages, der sich seinerseits mit rotgefärbten Wolken ankündigt. Die Tragö-

Abb. 79: *Der Morgen nach dem Schiffbruch*, um 1841

die bleibt unsichtbar und damit ungewiss. Ebenso gut lassen sich andere Geschichten zum Bild erfinden. Doch vielleicht gibt es gar keine Geschichte, vielleicht ist es einfach die Schönheit, die Stimmung, die Atmosphäre, die selbst einen Hund veranlasst, zu heulen.

Eine Variante mit – vertraut man auf den Titel – ganz anderer inhaltlicher Ausrichtung ist das Gemälde *Neumond – »Ich habe mein Boot verloren, du sollst deinen Reifen nicht haben«*. Bereits der Titel gab Anlass zum Spott. Das Tory-Kampfpamphlet *Blackwood's Magazine* mokierte sich im September 1840: »Das Gemälde straft die Blödheit des Titels keineswegs Lügen … Was kann der Mond mit dem Verlust eines Reifens und eines Bootes zu tun haben? Und wer hätte gedacht, dass es sich um Mondlicht handelt? […] Da ist ein rotes Kind, das munter aufschreit. Die Moral ist, dass verzogene

Abb. 80: *Neumond – »Ich habe mein Boot verloren, du sollst deinen Reifen nicht haben«*, 1840

Kinder jeden Alters blödsinnige Dinge tun.« Und die *Times* war völlig perplex: »Dieser Neumond hat den Vorzug, absolut neu zu sein. Er ähnelt keinem Mond, der jemals einen Himmel erleuchtet hat. Seine Substanz scheint Fensterkitt zu sein.«

Die Ratlosigkeit angesichts der Bildinhalte und ihrer malerischen Umsetzung führte offenbar dazu, dass sich (auch) die Presse an Bildtiteln festhielt. Es scheint fast, als habe sich Turner hier bewusst einen Scherz erlaubt, eine Falle gestellt, in welche die Rezensenten auch sofort getappt sind. Dass er zu extravaganten, mal sehr assoziativen, mal sehr ausführlichen Bildtiteln neigte, die durchaus mit ebenso ausladenden Buchtiteln seiner Zeit konkurrieren können, deutet sicher auch darauf hin, dass er seine Gemälde als der Literatur gleichwertige Produkte erachtete – vor allem aber, dass er durch die Titel buchstäblich einen Subtext schuf, der den Bildinhalt nicht zwangsläufig erklärte, sondern vielmehr genauso verrätseln konnte, wie Turner auch sein Privatleben verunklarte. Und schließlich vermag er mit der Vielfalt der zitierten Literatur auch seine Bildung unter Beweis zu stellen, denn das beachtliche Spektrum reicht von Homer, Ovid und Virgil über britische Klassiker wie Shakespeare, Milton oder Alexander Pope bis zu Zeitgenossen wie Byron, Rogers und Walter Scott.[199]

Sukmo Kim weist darauf hin, dass eine museale Präsentation von Werken Bildtitel überhaupt erst relevant werden ließ, und eine zunehmende Autonomie des Künstlers – hinzuzufügen wäre: sowie eine wachsende Privatisierung der Ikonografie – die simple Bild*benennung* zu einer Bild*deutung* umfunktionierte. Mit einem Verschwinden klarer Gegenständlichkeit vollzieht sich zudem eine Emanzipation des Bildtitels, so dass Kim hier zu Recht in mehrfacher Hinsicht Turner als »Wegbereiter für die kunsthistorische Entwicklung des Bildtitels« sieht.[200]

Um 1840 heiratete Turners Tochter Georgina den sieben Jahre jüngeren Thomas James Thomson. Auch bei dieser Hochzeit war Turner abwesend. Das Verhältnis zu seinen Töchtern scheint ohnehin gestört gewesen zu sein, warum sonst sollte Georgina ihn verleugnen und auf dem Standesamt als Vater einen »George Danby, verstorben« angeben? Entsprechend spärlich waren beide Töchter in Turners Testament bedacht; doch sollte Georgina nicht einmal in den Genuss der in Aussicht gestellten bescheidenen Erbschaft kommen, sie starb bereits drei Jahre nach ihrer Eheschließung bei der Geburt ihres zweiten Kindes im Lying-In-Hospital in Lambeth. Auch ihre beiden Kinder überlebten das Säuglingsalter nicht. Es ist kaum auszuschließen, dass Turner weitere Kinder hatte – von mindestens zweien ist die Rede, die wohl ebenso wenig eine Rolle im Leben des Malers spielten wie Evelina und Georgina.[201]

Nicht wirklich ein Enkel-Ersatz, aber als eine Gestalt der übernächsten Generation, trat 1840 John Ruskin in Turners Leben. Der enthusiastische Hitzkopf hatte zu seinem dreizehnten Geburtstag das von Turner illustrierte Werk *Italy* von Samuel Rogers geschenkt bekommen und war seither ein besonderer Fan des Künstlers. Als er Turner endlich persönlich vorgestellt wurde, hatte er zuvor nicht nur dessen Werke studiert, sondern auch bereits viel über ihn als Persönlichkeit gehört. »Alle haben ihn mir als derb, ungehobelt, geistlos und vulgär beschrieben. Ich wusste, dass das nicht stimmen konnte«, notierte Ruskin in sein Tagebuch.

> *Ich fand in ihm einen etwas exzentrischen, scharfsinnigen, nüchternen und englisch gesinnten Gentleman: offensichtlich gutmütig, offensichtlich reizbar, jedem Unsinn abhold, gewitzt, vielleicht ein wenig egoistisch, hoch intellektuell, wobei er seine geistigen Fähigkeiten keineswegs selbstverliebt demonstriert oder*

zur Schau stellt, sondern sie nur gelegentlich in einem Wort oder einem Blick aufblitzen lässt.[202]

Ruskin hatte sich schon zuvor über die harsche Kritik an Werken echauffiert, die Turner in den Jahren ab 1836 in der Royal Academy ausstellte. In Rage versetzte ihn zunächst, wie sich ein Kritiker im *Blackwood's Magazine*, der Hobbymaler John Eagles, darüber empörte, Turner wage es, eine Szene aus Romeo und Julia – *Julia mit ihrer Amme* – von Verona nach Venedig, über die Dächer des Markusplatzes, zu verlegen und sich dabei auf Gelb und Ockertöne zu beschränken. Statt zu erkennen, dass sich Turner angesichts solcher Diffamierungen durch das konservative Blatt in bester Gesellschaft von Shelley oder Keats befand und dass sie Turner als innovativen Künstler eher nobilitierten, verfasste Ruskin einen emphatischen Leserbrief und schrieb die Apotheose Turners in seinem Monumentalwerk *Modern Painters* fort, dem er Zeilen von Wordsworth voranstellte.

Damit begann die Historisierung Turners und sein Aufstieg zum Nationalmaler. Doch die Lorbeeren, mit denen er geschmückt wurde, haben seine Anhänger hart erkämpft. Der Weg dorthin war steinig und erforderte rund zwei Jahrzehnte dauerhafter Verteidigung weit über Turners Tod hinaus. Ruskin lebte jedoch lange genug, um die Früchte seines Kampfes noch genießen zu können.

Turner selbst scheint sich wenig aus Ruskins Apotheose gemacht zu haben, vielleicht hat er die Vergleiche mit Phidias oder Leonardo da Vinci[203] insgeheim als zu dick aufgetragen empfunden oder intuitiv gespürt, dass sich Ruskin selbst im Lichte der umstrittenen Bilder als radikale und wortgewaltige Autorität profilierte. »Er liebte mich, aber kümmerte sich nicht darum, was ich sagte, und ver-

Abb. 81: *Ein Himmelbett mit Gestalten beim Sex* (links) und *Zwei Figuren, die eine liegende nackte Frau betrachten* (rechts), 1834-36

suchte ständig, mich am Schreiben zu hindern«, so Ruskin. Und er gesteht, viel von dem, was er über Turner geschrieben habe, seien nicht wirklich Bildbeschreibungen, sondern durchaus subjektive Interpretationen.[204] Indem er jedoch in Bezug auf Turner gern von einer inneren »Truth« und »Clarity« spricht, reklamiert er diese Begriffe – die üblicherweise für formale, lineare plastische Deutlichkeit und Naturnähe stehen – nicht nur für das Diffuse in Turners Werk, sondern auch für seine eigene Deutung der Gemälde.

Wirklich herzlich wurde das Verhältnis nicht. »Ruskin war im Grunde seines Herzens denkbar konservativ und von einer puritanischen Frömmigkeit. Turner muß man dagegen als einen Erzliberalen einstufen«, meint Heinz Ohff und folgert: »Im Grunde

paßten die Präraffaelitin, die der Theoretiker nach Turners Tod auf seinen Schild hob, viel besser zu Ruskin.«[205] Was zu Ruskin ebenfalls passt: Dass er nach Turners Tod ohne Wimpernzucken sein Werk von »erotischem Schmutz« »bereinigte« und Zeichnungen sexuellen Inhalts vernichtete. Sicher war er der Ansicht, er erweise Turner damit einen Dienst, indem er dessen »guten Ruf« postum schütze. Entgangen sind Ruskin dabei kleine Skizzenbücher, knapp 8 mal 10 Zentimeter groß, in denen Turner Erotik im Dunkeln festhielt: praktisch ungegenständliche, diffuse, einfarbig schwarz-graue Skizzen von Gestalten, die sich um und in einem Himmelbett zu befinden scheinen. Die Skizzen wirken in ihrer Flüchtigkeit, als sei Turner selbst als Voyeur vor Ort gewesen, ja als habe er tatsächlich im Dunkeln gemalt – ganz so, wie Joseph Anton Koch in seiner bissigen Satire ohnehin über Turners Arbeitsweise spekulierend formulierte:

> *Die Composition ungefähr der Art, wie solche von einem Wiener Professor, Namens Schmutzer, geübt und gelehrt ward, da er zu seinen Schülern sprach: Schaut's wenn's erfinden oder componiren wollt, so bindet euch die Augen zu und macht's was euch einfällt, und wenn ihr auf diese Weise etwas gemacht, wovon ihr glaubt, daß es sich gut machen könnte, so nehmt's die Binde von den Augen; solcher Zufall ist oft besser als alle Pedanterie, und wenn ihr malt, so nehmt's den größten Pinsel und besinnt euch nicht erst lange, sondern malt's frisch darauf los.*[206]

Die Skizzenbücher waren jedoch nicht nur – im Sinne der Koch'schen Ironie – das Medium, in dem man frisch drauflos malen konnte, sondern auch der intimste Schatz des Künstlers, der Fundus für Ideen und ein Ersatz für Geschäftsbücher, in denen er unter anderem Preise und Transportkosten auflistete. Sie waren persönlich und entsprechend verschließbar, oft eher Tagebücher als Skizzenbücher, sie waren Elixiere seiner Kunst, sie bargen Studien von Wetterphänomenen oder Kühen, die Turner besonders faszinierten, und Spuren von Turners Obsessionen. Sie waren letztlich in ihrer erstaunlichen Quantität selbst schon obsessiv. Wiederholt hat Turner Bitten von Freunden der Kunst abgelehnt, einen Blick hineinwerfen zu dürfen.[207]

Hatte Turner in jungen Jahren über eine Bildung verfügt, die für einen Maler eher über als unter dem Durchschnitt lag, wie Walter Armstrong meinte, vernachlässigte er sie zusehends. So sahen es jedenfalls viele seiner Zeitgenossen. »Seine Art, sich in Worten auszudrücken, wurde immer komplizierter, je älter er wurde, bis er schließlich den Höhepunkt der Unverständlichkeit in den Nachträgen zu seinem Testament erreichte.«[208] Parallel dazu beschritt er einen Weg, den man als progressive Imperfektion beschreiben könnte. Die malerischen Mittel zur naturalistischen Wiedergabe der Welt hatten ihm seit jungen Jahren in besonders exquisiter Form zur Verfügung gestanden, folglich gab es nur eine Richtung der Entwicklung: die Minimalisierung dieser Mittel und die damit verbundene Reduzierung der Wiedererkennbarkeit klar benennbarer Dinge. Es ging darum, so ließe sich sagen, das Unvollkommene zur perfektionieren.

Dass eine endgültige Vollkommenheit nicht existiert, sondern sich alles in einem immerwährenden Fluss, genauer: einem Kreislauf befindet, hatte bereits der führende Wissenschaftler der Royal Institution, der hochsensible und weltgewandte Chemiker und enge Freund von William Wordsworth, Humphry Davy 1814 anschaulich formuliert:

> *Die Formen und Erscheinungen der Wesen und Substanzen der äußeren Welt, sind fast unendlich mannigfaltig, und befinden sich in einem Zustande ununterbrochener Veränderung. Selbst die ganze Oberfläche der Erde erleidet stätige Modifikationen. Durch die Einwirkung der Feuchtigkeit und der Luft, gewährt sie Nahrung den Pflanzen; eine ungeheure Anzahl vegetabilischer Erzeugnisse, entsteht aus Materialien, welche dem Anscheine nach gleich sind. Diese verwandeln sich in die Substanz der Thiere; eine Art thierischer Materie geht in die andere über; die vollkommensten und schönsten Formen des organischen Lebens werden endlich zerstört, und in unorganische Aggregate aufgelöst.*

Dieselben elementarischen Substanzen, sind, nur in verschiedener Anordnung, in dem starren Erdreich, und in der Wohlgeruch aushauchenden Blume, enthalten, oder bilden sich im thierischen Körper, zu Organen aus, die von dem Gemüth und dem Verstande in Bewegung gesetzt werden.[209]

Betrachtet man Turners Entwicklung, so wird offensichtlich, dass er nach einer Sprache suchte, um diese grundlegenden Strukturen des Weltengefüges anschaulich zu machen. Ob Davy und Turner persönlich in einem engen Austausch standen, ist nicht bekannt, dass sie voneinander wussten, ist dagegen selbstverständlich. Vielleicht hat Turner als Mitglied der Royal Institution auch Davys mitreißenden Vorträgen gelauscht, in denen er Wissenschaftliches populär zu vermitteln vermochte.

1843 schenkte Charles Eastlake Turner ein Exemplar von Goethes *Farbenlehre*, die Eastlake selbst übersetzt hatte.[210] Turner hat auch dieses Werk akribisch durchgearbeitet, mit Anmerkungen versehen und sah sich durch die neuen, wenn auch teilweise fragwürdigen wissenschaftlichen Erkenntnisse in seiner Auffassung von Licht und Farbe bestätigt. Das Auge, so Goethe, sehe keine Form an sich, sondern nur hell, dunkel und Farbe – »und so erbauen wir aus diesen Dreyen die sichtbare Welt und machen dadurch zugleich die Malerey möglich«, die eine noch vollkommenere Welt zu zeigen vermöge, als die reale.[211] Das Auge sei ein tätiges Organ, das zwischen Innen- und Außenwelt steht und durch die Objekte, die den Farben Materie und somit Sichtbarkeit verleihen, Bestätigung erfahre. Diesen Vorgang dem Betrachter zu veranschaulichen, sei Aufgabe der Malerei – »this is the object of painting«, wie Turner Goethes Ausführung kommentierte.[212]

Im selben Jahr entstanden zwei Gemälde, die thematisch mit der Sintflut die Erde auf einen biblischen Urzustand zurückführen, im Wesentlichen aber Lichtphänomene zeigen möchten. Turners Beschäftigung mit dem Thema Sintflut geht zurück bis auf seine Begegnung mit Poussins Gemälde im Louvre 1802. Hatte er 1805 in der Akademie ein Monumentalgemälde präsentiert, das den dramatischen Höhepunkt des Desasters zeigt, den Moment, in dem der Tsunami auf Land trifft, teilt er nun das Geschehen in ein Vorher und ein Nachher. Der Abend vor der Sintflut ist *Schatten und Dunkelheit* betitelt, der Morgen danach *Licht und Farbe (Goethes Theorie)*. Das diffus Biblische dient anscheinend vor allem als Vorwand, um die beiden Achsen malerischer Mittel – Helligkeit und Tonalität – auf zwei eher kleinen quadratischen Leinwänden (in achteckiger Rahmung präsentiert) zu veranschaulichen. Die beiden biblischen Zustände – der ausgediente vorsintflutliche, der sich nicht bewährt hatte, und der Neuanfang nach der reinigenden Flut – sind aber wohl nicht zufällig gewählt. *Licht und Farbe* läuten im Sinne Turners eine neue Ära ein. Dargestellt ist nicht etwa das Weltgericht mit dem Schemen eines thronenden Christus und somit das Ende, sondern Moses, der das Buch der Genesis schreibt, die Entstehungsgeschichte der Welt aus dem Chaos. Dass sich die Kreiskomposition in *Licht und Farbe* dem Titel nach auf Goethes Farbkreis beziehen soll, ist zeitgenössischen Kritikern nicht entgangen, erzeugte aber dennoch Ratlosigkeit, denn, wie der *Spectator* schrieb, über den Goethe-Bezug hinaus vermöge man dem Maler nicht zu folgen: »Das alles mag eine erhabene Bedeutung haben«, hieß es, aber letztlich erkenne man nicht mehr als »chromatische Harmonien kalter und warmer Farben.«[213] Andere Rezensenten wurden deutlicher und beklagten, die Werke seien »absolut unbeschreibbar«, da sie anscheinend aus »zufällig zusammengeworfe-

Abb. 82: *Schatten und Dunkelheit – Der Abend der Sintflut*, 1843 ausgestellt

nen Atomen bestehen«,[214] oder bedauerten »Mr. Turners eklatanten Missbrauch seines Genies«.[215]

Die Zeilen, die Turner selbst seinem Goethe'schen Farbkreis zur Seite stellte, sind wie so oft nicht geeignet, die Botschaft des Werks entscheidend zu erhellen.

Abb. 83: *Licht und Farbe (Goethes Theorie) – Der Morgen nach der Sintflut*, 1843 ausgestellt

Die Arche verharrte am Ararat, die zurückkehrende Sonne
Verdampfte die feuchten Blasen der Erde, und begierig nach Licht
Reflektierte sie ihre verlorenen Formen, jede in prismatischer Erscheinung
Vorbote der Hoffnung, flüchtig wie eine Sommerfliege,
die sich erhebt, schwirrt, wächst und stirbt.[216]

Sollte sich Newtons Theorie von der Zusammensetzung des weißen Lichts aus Farben, gegen die Goethe vehement polemisierte, wissenschaftlich auch behaupten, so mag sie Künstlern dennoch allzu nüchtern und »kümmerlich« erschienen sein.[217] Goethes Farbenlehre war für sie weitaus interessanter (nicht nur, weil er anschaulicher und klarer zu formulieren vermag), denn sie geht davon aus, Farben entstünden aus einer Polarität von Hell und Dunkel. Mische man dagegen alle Farben des Spektrums als Pigmente, so ergebe sich lediglich die »Unfarbe« eines undefinierbaren Graus.[218] Newtons additive Farbmischung aus Licht war in der künstlerischen Praxis allemal von geringerer Bedeutung als Goethes Farbmischungen auch der Substanzen. Wer die Welt wie Goethe als Einheit empfand, dem war es kaum vorstellbar, dass ausgerechnet das Licht aus einer Addition entstehen sollte. Auch aus einer ethischen Perspektive war es schwer fassbar, wie sich das Helle aus verschiedenen dunkleren Elementen zusammensetzen sollte. Zudem wies Goethe den Farben Bedeutungen zu – Temperamente, Eigenschaften, menschliches Vermögen (Phantasie, Vernunft etc.) –, die sich wiederum aus ihrer psychologischen Wirkung ableiteten. In der Natur beobachtete er, wie sich Schatten in einer Schneelandschaft bei Sonnenuntergang erst violett, dann blau und schließlich smaragdgrün färbten, schloss daraus, dass mit schwindender Helligkeit die Farben variieren, die Lichtstärke also den Farbton bestimmt, und stellte sich letztlich die Frage, was Farbe überhaupt sei. Er wagte sich dabei auf brisantes Terrain vor, »denn es hatte von jeher etwas gefährliches, von der Farbe zu handeln«, wie er schreibt. »Hält man dem Stier ein rotes Tuch vor, so wird er wüthend; aber der Philosoph, wenn man nur überhaupt von Farbe spricht, fängt an zu rasen.«[219]

Turner war Mitglied der Royal Institution, die sich durch populärwissenschaftliche Vorträge hervortat, und des Athenaeums, eines Clubs führender Vertreter der Wissenschaft und Künste, der Literatur und des Ingenieurswesens. Dass der neuesten Entwicklungen aufgeschlossene Turner auch mit aktuellen Theorien zur Entstehungsgeschichte des Planeten vertraut war, ist anzunehmen.

Vor allem in den Jahren um 1800, aber auch darüber hinaus, prallten hier Weltanschauungen kompromisslos aufeinander. Der Streit zwischen Anhängern des Katastrophismus und des Aktualismus glühte, wobei Erstere den zweifelhaften Vorteil besaßen, die Bibel und deren Sintflut-Erzählung auf ihrer Seite zu haben, wenngleich beide Lager rein wissenschaftlich argumentierten. Doch wenig deutet darauf hin, Turner könnte mit seinen beiden Werken hier den Anspruch vertreten haben, sachlich Position zu beziehen und sich gegen die ewige Gültigkeit der Naturgesetze und für einen erdgeschichtlichen Wandel aufgrund von Katastrophen auszusprechen. Vielleicht hat er sogar intuitiv erkannt, dass sich beide Ansichten keineswegs grundsätzlich ausschließen.

Entscheidend blieb doch nur eines: Katastrophen an sich waren real und bestätigten ihn in seiner Weltsicht. »Sein Hang zum Katastrophalen, der sich in seinen Naturvorstellungen, in Brand und Sturm und Untergang ausdrückt, sein abgrundtiefer Pessimismus, der sich in seinen jahrzehntelang hingeschriebenen Versen über die *Fallacies of Hope* ausbreitet, zeigt den halluzinierten menschlichen Untergrund, der in diesem Plebejer wirkte, und aus dem die dichterischen Erregungen und dann die Bilder wuchsen«, so Werner Haftmann.[220]

Die erneut kryptische Poesie, die der Maler seinen Gemälden mit auf den Weg gab, handelt vom Licht, wurde aber nicht dazu geschaffen, die Botschaft des Werks zu konkretisieren. Im

Gegenteil vertieft sie das Mystifizierende – eine Absicht, die Turner offensichtlich verfolgte. Steht ein Thema, das sich unmittelbar erschließt, einer genaueren Betrachtung nicht selten im Weg, mag Turner durch seine thematische Verunklarung bestrebt sein, gerade das genaue Hinsehen zu fördern.

Andererseits waren offenbar nicht nur seine Bildsprache und seine lyrischen Versuche vage, sondern auch in Gesprächen ließ er sein Gegenüber oft im Ungefähren. »Turners Konversation war lebhaft, aber oberflächlich und sprunghaft«, merkt Thornbury an.

> *Wie seine Werke war sie ungemein skizzenhaft. Er unterhielt sich auf diese Weise eine halbe Stunde und zeigte sich erstaunt, dass seine Gesprächspartner noch immer im Ungewissen darüber waren, worüber er eigentlich sprach. Er wusste, dass seine Ideen originell waren, konnte aber nicht verstehen, dass sie ihm nie über die Lippen kamen. Er war wie ein Mensch, der eine wunderbare Violine besaß, die er nicht spielen konnte. Er war poetisch, er war wissenschaftlich, er war gereist, hatte beobachtet, er war humorvoll, und doch konnte er diesen Gedanken und Ideen keinen Ausdruck verleihen. Seine geflügelte Seele war in seinem Körper gefangen, er konnte nur durch seinen Pinsel sprechen. Er fühlte tief – er sah tief – er dachte tief, doch er konnte keine Stimme finden, um seine Träume und Orakel auszudrücken.*[221]

Es sind Dutzende in der Akademie gezeigte Werke, denen Turner Gedichtzeilen an die Seite stellte, immer wieder auch aus jenen *Täuschungen der Hoffnung*, so dass er auf den Spott nicht lange warten musste. Zeigte er einmal ein Venedig-Bild, *Am Morgen. Rückkehr vom Ball*, ohne flankierende Lyrik, spitzte die Satire ihre Feder und ergänzte das Werk mit angeblichen Zeilen Turner'scher Provenienz:

Oh, welche Szene! – Ist das Venedig? Nein.
Und doch denke ich, es muss es sein – erkenn' ich doch
Inmitten jener Klumpen aus Gelb und Rot und Blau
Etwas, das aussieht wie ein Turm Venedigs.
Der Hauch Orange im Hintergrund
Verrät uns, es ist Morgen! Und das kleine Boot
(Ziemlich im Farbton von Tomatensoße)
Verkündet uns: man kehrt vom Ball zurück!
Das möchte ich mit meinem Bild geneigt vermitteln,
Ich hoff', ich tu's. Allein – welch eine TÄUSCHUNG![222]

Grundsätzlich schieden sich die Kritiker in zwei Kategorien, wie Sam Smiles anmerkte:

> *Die erste erkannte einfach an, dass der Künstler eigensinnig war, außerhalb der Reichweite von Wahrnehmung oder Regeln, und dass er sich einer Praxis hingab, die für das etablierte Verständnis dessen, was Malerei sein sollte, keinen Sinn ergab. Die zweite betrachtete Turners Werk nicht so sehr als selbstbestimmte Tätigkeit, sondern als Resultat seiner schwindenden physischen und mentalen Kapazitäten.*[223]

Hier sah man eine skurrile Sturheit, dort einen fortschreitenden Verfall, ungeachtet seines tatsächlichen Alters. Beaumont hatte Turners Malweise schon als die eines alten Mannes bezeichnet, als Turner in seinen Dreißigern war – und der *Morning Cronicle*, exemplarisch für zahlreiche ähnlich lautende Stimmen, bescheinigte dem Maler, gerade Mitte fünfzig, er sei unfähig, seine Bilder wirklich fertigzustellen:

Abb. 84: *Am Morgen. Rückkehr vom Ball*, 1845

> *Wenn sein Auge und seine Hand ihm noch dazu dienen, Bilder zu vollenden, die seines eigenen Charakters und dessen einer öffentlichen Ausstellung würdig sind, so gebe er uns lieber das Rindfleisch ohne Senf, als so viel Senf und nichts von dem substantiellen Rindfleisch. Wir spielen auf seine senffarbenen Skizzen an, die er neuerdings an Stelle jener handfesten, fertiggestellten Bilder in ihrem natürlichen Ton und ihrer Frische anfertigt, mit denen er uns zu entzücken pflegte, ehe sein Geschmack und seine Kräfte so verdarben.*[224]

Auch postum noch – anlässlich einer Ausstellung von Turners Werken 1856 – erkannte das *Athenaeum* am Beispiel eines eher harmlosen Venedig-Bildes, *Venedig. Die Seufzerbrücke*, aus dem Jahr 1840 (Turner war damals gerade einmal 65 Jahre alt) glasklar die Symptome eines Niedergangs:

Dies ist die Senilität eines großen Geistes […] Das geistige Auge ist getrübt, die Hände werden kraftlos. Der Geschmack wird zusehends morbid und giert nach unmöglichen und sinnlosen Effekten … Es ist tatsächlich eine bemerkenswerte Senilität und sonst nichts. Es ist interessant nur hinsichtlich des Abstiegs und Falls, als das Ende eines Lebens, als ein Vergleichsbeispiel – als eine Warnung.[225]

Das, was Turner von seinen schärfsten Kritikern auch schon vorgehalten wurde, als er noch ein junger Mann war – seine gelegentliche, so unverständliche Verrücktheit, sein Eigensinn, dem man ratlos gegenüberstand –, dafür fand sich mit den Jahren eine plausible biologische Erklärung. Mit einem bedauernden Schulterzucken konnte man nun doch noch seinen Frieden mit diesem seltsamen Mann machen: Er war einfach nicht mehr Herr seiner Sinne, nicht mehr im Vollbesitz seiner geistigen Kräfte. Seine Kunst wurde somit zu einem natürlichen Phänomen. Hatte man diese Bilder einmal als Produkte eines bedauernswerten, aber vom Schicksal bestimmten Prozesses akzeptiert, erschienen sie bei weitem nicht mehr so verstörend. Hatte man sich bei ihrer Präsentation letztlich doch stets fragen müssen, ob man selbst vielleicht nicht fähig war, das Genie zu erkennen und ihre Qualität zu verstehen, so konnte man sich mit dem Senilitäts-Argument im Rücken nun sicher sein, dass die mangelnde Fähigkeit und das mangelnde Verständnis auf Seiten des Malers zu suchen waren.

LANDSCHAFTEN DES ALTERS

Jedes Alter hat seine Landschaft. Während sich Turner in jungen Jahren notgedrungen England gewidmet hatte, dann die Schweiz und den Rhein entdeckt, später, um 1820, Italien, so kehrte er im Alter zurück zu den Schweizer Seen, die ihm Glück und Frieden versprachen. Konnte von Lord Byron noch nicht die Rede sein, als sich Turner 1802 erstmals an den Ufern des Genfer Sees niederließ, um recht konventionell die Harmonie von Mensch, Vieh, Wasser und Gebirge festzuhalten, war ihm bei seinem späteren Aufenthalt gegenwärtig, dass auch Byron hier inzwischen seine Spuren hinterlassen hatte. Doch anders als der Dichter, dem seinerseits die Großen vor Augen standen, die hier wirkten – Rousseau, Voltaire, Gibbon und de Staël –, verschwanden bei Turner menschliche Spuren weitestgehend zugunsten des Lichts.

Byron hatte sich 1816 – dem Jahr ohne Sommer als Folge des Ausbruchs des Vulkans Tambora in Indonesien, einem Jahr des Elends und des Hungers – in der Villa Diodati am Genfer See eingemietet und mit Kollegen philosophiert, fabuliert und Spukgeschichten erdacht; dabei erblickten John Polidoris *Der Vampyr* und Mary Godwin-Shelleys *Frankenstein* das Licht der Welt. Als Turner nun erneut in die Schweiz reiste, schien die Welt im Wesentlichen wieder im Gleichgewicht. Genauer gesagt: Das Unwesentliche war ausgeblendet – und menschliche Existenzen angesichts der Naturschauspiele unwesentlich.

1841, 1842, 1843 und 1844 fuhr Turner nach Thun, Lausanne

und Genf, nach Bellinzona, Locarno, Lugano und an den Comer See sowie nach Bern, Zürich und Basel.

Von jeher faszinierte ihn die Landschaft um den Vierwaldstättersee besonders. Nicht nur seine Serie des Rigi in unterschiedlichen Lichtstimmungen nimmt auf ihre Weise Cezannes Mont-Sainte-Victoire-Serie oder auch Monets Lichtstimmungen auf der Fassade der Kathedrale von Rouen vorweg. Das Serielle, das den Wandel eines Objekts durch verschiedene Beleuchtung thematisiert, hatte Pierre-Henri de Valenciennes als künstlerisches Verfahren beschrieben und in zahlreichen Skizzen, vermutlich aus den Jahren 1782 bis 1784, bereits vorab praktiziert. Turner hat dessen teils recht unkonventionelle Ratschläge aufmerksam zur Kenntnis genommen.[226]

Die Serien hatten zugleich einen sehr pragmatischen Zweck. Sie waren eine Art »Palette«, aus der ein Interessent die bevorzugte Farbgebung eines Motivs aussuchen konnte, bevor Turner es entsprechend den Kundenwünschen fertigstellte.[227]

Wenn diese Landschaften etwas über menschliche Befindlichkeit aussagen, dann als Sinnbilder des Friedens, der im Einklang mit der Natur zu erreichen ist, eines Friedens, der Voraussetzungen schafft für freie und gefahrlose Reisen und für einen fruchtbaren Austausch unter den Nationen.

Mit dieser Intention bereiste Turner auch die Donau und malte die gerade entstehende Walhalla bei Donaustauf, die Leo von Klenze im Auftrag Ludwigs I. errichtete. 1843 stellte Turner seine imaginäre Ansicht der Walhalla-Eröffnung in der Royal Academy aus, die das zusammengeströmte Volk zeigt, das sich selbst in einem Gelage als Teil jener Kultur zu feiern scheint, die ihren großen Geistern jenen Tempel über dem europäischsten aller Flüsse errich-

Abb. 85: *Blauer Rigi*, 1842

Abb. 87: *Dunkler Rigi*, 1842

Abb. 86: *Dunkler Rigi*, Studie, 1841-42

Abb. 88: *Roter Rigi*, 1842

tet hat. Die Weihung des königlich verordneten Tempels erscheint in Turners Gemälde fast wie ein Gegenentwurf zu den Ereignissen des Hambacher Fests ein Jahrzehnt zuvor, das die Interessen des erstarkenden Bürgertums repräsentierte. Die Walhalla wird hier als Versöhnungsangebot, als Ort der Heldenverehrung im Geiste nordischer Mythologie dargestellt, gepaart mit der Architektur des Parthenons, an dem alle Unterschiede von Stand und Geschlecht aufgehoben sein sollten und nur der Verdienst für das Vaterland zählt.

Begleitet wurde das großformatige Ölgemälde bei seiner Präsentation in der Royal Academy durch einen Hymnus aus eigener Feder, in dem Turner die Idee der Walhalla als Symbol des Friedens, geistiger Blüte und als Würdigung »für Männer, die sich Ruhm erworben hatten für Kunst und Wissenschaft des deutschen Vaterlandes«, feierte.[228] Tatsächlich fanden hier allerdings vor allem Regenten und Militärs eine Würdigung. Die Idee einer Verherrlichung deutscher Kultur, die Turner andeutet, ist ebenso seiner Phantasie entsprungen wie das Szenario der Einweihung oder die Brücke, die sich vor der Walhalla über die Donau spannt.

Walter Thornbury erkennt in den Sintflutbildern sowie in der Walhalla-Eröffnung eine Art Trotzreaktion Turners, genauer gesagt sieht er den Moment im Schaffen erreicht, an dem der Maler keinerlei Rücksicht mehr auf sein Publikum zu nehmen bereit ist.

»1843 beschloss Turner, ermüdet von der einfachen und nüchternen Wahrheit, durch prismatische Experimente ein Publikum vor Rätsel zu stellen und in Erstaunen zu versetzen, das seine Bilder nicht kaufte und seinen Genius nicht erkannte, indem er in einige seine wildesten Träume lancierte«, so der Biograf. Turner kümmerte sich auch nicht mehr um eine Richtigkeit in der Wiedergabe der Landschaft. »Die Topografie des Bildes ist voller Fehler«, bemerkt Thornbury, der sich das nur mit einer fehlerhaften Vorlage erklä-

Abb. 89: *Eröffnung der Walhalla*, 1842

ren kann: »Vielleicht wurde es, abgewandelt, nach einer schlechten Radierung gemalt.« Doch das hielt ihn nicht ab, sein Bild auf Reisen zu schicken: »Turner, begeistert von der Bayrischen Kunstliebe und dem Segen des Friedens, schickte das Bild als Geschenk an König Ludwig, der, unfähig damit etwas anzufangen und ohne vermutlich je ein Wort von Turner gehört zu haben, es wieder verpacken und zurückschicken ließ, sehr zum Groll und zur Empörung des Künstlers, wie ich vermute.«[229]

In der Tat kam es retour nach London – beschädigt und zudem mit einer Extrarechnung für den Rücktransport. Turner war derart beleidigt, dass er »wie eine wütende Henne« in seinem Haus umherflatterte, so berichtete ein Freund.[230] Auch auf dem Kontinent blieb William Turner bis auf weiteres unverstanden.

»In seiner Heimat galt er zwar als der große Alte der künstlerischen Szene. Aber man betrachtete seine freien und kühnen Farbkompositionen als wunderliche Überspanntheit, die man auf britische Weise tolerierte, ohne sie jedoch schon verstehen zu können.«[231]

Die Jahre nach seinem Venedig-Besuch 1840 waren nochmals besonders reich an Aquarellen. Die Stadt aus Licht und Atmosphäre hatte ihn in ihren Bann gezogen und wirkte nach. Die Bilder erscheinen mehr denn je wie an Ort und Stelle gemalt, während sie in Wahrheit weiterhin über tausend Kilometer entfernt im Londoner Atelier entstanden. Als Turner 1840 in Venedig war, ging er vermutlich nicht davon aus, dass es sich bei diesem Besuch um den letzten handeln könnte. Doch ist nicht auszuschließen, dass sich das in den folgenden Jahren änderte. Jedenfalls war das langsame Verblassen, das er in seiner Malerei betrieb, so paradox das klingen mag, auch zugleich eine finale Annäherung an die visuelle Faszination der Lagunenstadt.

Hatte er in zahlreichen seiner Reisebilder das Unterwegssein eingefangen, den Blick von einem Boot oder einer Kutsche aus, hatte er legendäre Abenteurer wie Äneas oder Hannibal oder herausragende Fahrten wie die der *Temeraire* gemalt, waren Hafenszenen tendenziell weniger Szenen der Ankunft als des Aufbruchs, so ging er in seinem Alterswerk dazu über, nicht mehr das Bewegte darzustellen, sondern das Bild selbst als bewegt erscheinen zu lassen.

Bestes Beispiel für das in sich dynamische Gemälde ist *Schneesturm. Dampfschiff in der Hafenmündung gibt Signale* aus dem Jahr 1842. Farblich reduziert überlagern sich mehrere Wirbel aus Wasser, Wind, Rauch, Wolken und Schnee. Alles geht ineinander über, ein Horizont ist praktisch nicht mehr auszumachen, selbst das Dampfschiff im Zentrum des Orkans wird schemenhaft. Das Bild erntete einmal mehr harsche Kritik, von der sich Turner verletzt fühlte,[232] unter anderem, weil erwartet wurde, dass sich die Elemente in ihrer Darstellung farblich voneinander abheben und so unterscheidbar bleiben sollten. Eine Kritik, die sicher dazu beitrug, dass Turner später erklärte, er sei bei dem Ereignis als Augenzeuge vor Ort gewesen, genau so habe es ausgesehen: »Ich brachte die Matrosen dazu, mich an den Mast zu binden, um das beobachten zu können. Ich war vier Stunden gefesselt und erwartete nicht zu entkommen, fühlte mich aber verpflichtet mir alles zu merken, falls es mir doch gelingen sollte.«[233]

Für eine authentische Wirklichkeitsdarstellung, so die Botschaft, ist Turner zu allem bereit, selbst sein Leben aufs Spiel zu setzen und dem Tod ins Auge zu blicken. Gleichzeitig hat die Geschichte eine geradezu mythologische Dimension, denn war es nicht Odysseus, der sich Poseidon zum Feind gemacht hatte und sich folglich unberechenbaren Stürmen ausgesetzt sah? War es nicht der Held

Abb. 90: *Annäherung an Venedig*, 1843

Abb. 91: *Venedig, gesehen von der Giudecca*, 1840

Abb. 92: *Dogana und Santa Maria della Salute*, 1843

Abb. 93: *Venedig mit Santa Maria della Salute*, 1840-45

Abb. 94: *Schneesturm. Dampfschiff in der Hafenmündung gibt Signale*, 1842

Homers, der sich an den Mast seines Schiffes fesseln ließ, um den Gesängen der Sirenen lauschen zu können? Odysseus allein setzte sich diesen sinnlichen Reizen aus, während sich alle anderen an Bord die Ohren verstopften, um nicht in Versuchung zu geraten, den verlockenden Stimmen zu folgen, die Allwissenheit auch hinsichtlich der Zukunft versprachen. Schon in der *Odyssee* wird klar, was Turner meint: Für die Wahrnehmung dessen, was tatsächlich existiert, muss man sich Gefahren aussetzen und bis an die Grenzen gehen. Leute, die sich dagegen die Ohren verstopfen, sollten sich hinterher kein Urteil über den Gesang der Sirenen erlauben.

Ein zweites Gemälde des Jahres, das sich allein schon aufgrund des Titels als Gegenstück anbieten würde, ist *Frieden*. Es zeigt die Seebestattung des befreundeten, ein Jahrzehnt jüngeren königlichen Hofmalers David Wilkie, der auf der Rückreise aus dem Orient an Bord eines Schiffes vor Malta starb und dessen Leichnam noch im Mittelmeer den Fluten übergeben wurde. Turner stellte es 1842, einige Monate nach dem Tod des Künstlerkollegen, in der Royal Academy aus. Im Hintergrund, für einen Augenblick grell erleuchtet, bieten die gespenstisch weißen Felsen von Gibraltar den Kontrast zum bedrohlichen Dunkel des Dampfschiffs, von dem, ebenfalls in künstliches Licht getaucht, ein Sarg zu Wasser gelassen wird. Für Theodor Fontane gehörte es zum Besten, was er in jener Londoner Ausstellung sah, die 1852 Werke aus allen Phasen Turners künstlerischer Entwicklung präsentierte. »Hier deckt sich alles, hier ist alles am rechten Ort«, schrieb Fontane und meinte damit die Übereinstimmung von Symbolik und Farbgebung, deren »Extravaganz« wie hier auch in einer absoluten Reduktion bestehen konnte.

Abb. 95: *Frieden. Bestattung auf See*, 1842 ausgestellt

> *Alles grau, Himmel, Meer und die Felsen, die in der Ferne ragen; nur eine Signalrakete steigt mit weißem Lichtglanz in die Luft. Und durch das graue, stille Meer schaukelt der Steamer, schwarz der Rumpf, schwarz die Segel und schwarz der Dampf, der wie eine Trauerfahne weht. Das Ganze ein Riesensarg.*[234]

Tatsächlich hat Turner selbst ein Gegenstück zu *Frieden* geschaffen: das ebenfalls annähernd quadratische Gemälde *Krieg*, in dem

Abb. 96: *Krieg*, 1842 ausgestellt

Napoleon Bonaparte noch einmal aufersteht. Der Napoleon-Kult der Franzosen war seit dessen Tod 1821 ungebrochen und die Monarchen von Ludwig XVIII. bis Louis-Philippe hatten kein wirksames Mittel gefunden, um der Glorifizierung wirksam entgegentreten zu können; daher wurde die Strategie geändert und Napoleon vereinnahmt. Seit 1833 stand eine Statue Napoleons auf der Place Vendôme, ab 1836 wurde der unter Napoleon begonnene Arc de Triomphe vollendet und 1840 beantragte der französische Innenminister eine Million Franc, um Napoleon ein Grabmal in Paris zu errichten und seine Asche von der fernen Insel St. Helena in die Hauptstadt der Franzosen zu überführen. Nach Bewilligung der Umbettung durch die Briten fand schließlich am 15. Dezember ein pompöses Staatsbegräbnis statt. Seither ruht Napoleon im Invalidendom.

In Turners Gemälde ist er nicht als Held, sondern als Gefangener zu sehen. Zur Untätigkeit verdammt, hat er die Arme verschränkt und wendet, bewacht vom Schatten eines britischen Soldaten, dem (eigenen) Sonnenuntergang den Rücken zu. Statt Herr über die Welt und die Weltmeere ist er nur noch Betrachter eines Tümpels, auf dem etwas wie ein aus Papier gefaltetes Schiffchen zu treiben scheint.

Das Gemälde-Paar *Peace* und *War* erschließt sich erst, wenn man den Künstler Wilkie als Mann des Friedens und Napoleon als Mann des Krieges versteht. Dass es nicht möglich gewesen sein sollte, die Überreste des Künstlers aus dem Mittelmeer nach England zu bringen – aus Angst, sein Leichnam könne eine tödliche Krankheit bergen –, dagegen alles unternommen wurde, um die Asche des Kriegers aus dem fernen Atlantik nach Paris zu überführen, hat nicht nur Turner empört.

Trotz seines patriotischen Tenors erntete auch dieses Bild beißende Kritik: »Inmitten einer Leinwand, beschmiert mit allen Schattierungen von Rosa, Karmesin, Zinnoberrot und Orange, ist ein Ding aufgestellt – ein Mann ist es gewiss nicht –«, eher ein »zu kolossaler Größe ausgewalztes Abbild Napoleons«,[235] wie das *Athenaeum* schrieb, während das *Edinburgh Magazine* resümierte: »Eine größere Absurdität denn je.«[236]

Der Verzicht auf menschliche Gestalten hatte Turners Werk

gutgetan. Nicht, wie immer wieder behauptet wurde, weil er nicht in der Lage gewesen wäre, überzeugend Körper zu zeichnen – wenn er etwas an der Akademie gelernt hatte, dann das –, sondern weil akkurat gezeichnete Körper in seinen zusehends aufgelösten Kompositionen zu Fremdkörpern geworden wären. Insofern sind die Reaktionen auf das Gemälde *Krieg* nachvollziehbar. Die Gestalt Napoleons erscheint auch aus heutiger Perspektive wie ein solcher Fremdkörper, wie eine statische Pappfigur in ansonsten lebendig bewegter Landschaft, als habe jemand eine Napoleon-Schablone in einen Turner geklebt.

Doch der schlichte Titel *Krieg* rückt Napoleon in ein besonderes Licht. Er ist die Personifikation des Krieges für eine ganze Generation – Turners Generation. Er wird in Turners Bild zum Bild seiner selbst, das sich im Wasser spiegelt. Eine Reflexion, die dazu einlädt, über Napoleon nachzudenken, den Getriebenen, der es sich, im Unterschied zu Fürsten, deren Herrschaft einfach durch Erbfolge und Geschichte legitimiert war, nicht leisten konnte, Schlachten zu verlieren. Schon ein Waffenstillstand musste als Zeichen der Schwäche gedeutet werden und hätte Zeit gegeben, sich über die Legitimität des Kaisers Gedanken zu machen.

Bei Turner ist der Kaiser lediglich handlungsunfähiger Pappkamerad. Dieses Bild des Krieges ließe sich also ebenso gut als Prophezeiung des Friedens verstehen.

REGEN, DAMPF UND GESCHWINDIGKEIT

»Ab 1800 setzt Regen ein«, bemerkt Fanni Fetzer, »besonders bei der englischen Landschaftsmalerei, die im Thema des Wetters eine eigentliche Nationalisierung betreibt.«[237] Trotz der typisch englischen Witterung, als die Nebel und Regen für gewöhnlich gelten, halte das »schlechte Wetter« in die englische Kunst erst im 19. Jahrhundert Einzug. Findet sich die Darstellung von Regen oder Sturm hingegen in der älteren Malerei, hätten sie fast ausschließlich symbolische, thematische Bedeutung – etwa in der Schilderung der Apokalypse. Wenngleich sie manche Vorläufer, etwa John Robert Cozens, hier außer Acht lässt, liegt Fetzer damit grundsätzlich richtig. Die Einbeziehung des klimatisch Typischen in die Kunst stärkt das patriotische Empfinden für nationale Besonderheiten und keiner hat die Darstellung dieser Besonderheiten exzessiver betrieben als William Turner. Zugleich ist es der zeitgenössischen Wissenschaft zu verdanken, dass extreme Wetterphänomene und Naturkatastrophen gerade nicht mehr als Besonderheiten verstanden wurden, sondern als Selbstverständlichkeiten. Alles hängt mit allem zusammen, alles geht ineinander über, jede Materie existiert in drei Zuständen – fest, flüssig und gasförmig –, wie Wilhelm Herschel bemerkte, der nicht nur das Sonnensystem durch die Entdeckung des Uranus »erweiterte«, sondern auch eine Energieschwankung der Sonne konstatierte, die Einfluss auf das irdische Wetter hatte. Michael Faraday wiederum entdeckte unter anderem, dass Magnetismus elektrische Energie zu erzeugen imstande war,[238]

Abb. 97: *Regen, Dampf und Geschwindigkeit – die Great Western Railway*, 1843

und John Dalton – seit 1822 Mitglied der Royal Society – bewies, quasi als Nebenprodukt seiner Gewichtsbestimmungen von Elementen, die Existenz von Atomen.

Es ist nicht nur verlockend, sondern naheliegend, Turners späte experimentelle Werke mit den wissenschaftlichen Forschungen seiner Zeit in Verbindung zu bringen. Davys Überlegungen lagen auf Turners Wellenlinie und auch Davys Nachfolger Michael Faraday konnte Turner mehr vermitteln, als ihm Ratschläge für die Zusammensetzung von Pigmenten zu geben, wegen der sich der Maler an den Forscher wandte. Vielmehr gab es trotz alles religiösen Brimboriums auf Seiten Faradays eine Seelenverwandtschaft, einen vergleichbaren Blick auf Naturphänomene, aus denen die beiden unterschiedliche, aber nicht sich grundsätzlich widersprechende Schlüsse zogen.[239]

Turners populärstes Gemälde neben der *Fighting Temeraire* entstand 1844. Es zeigt eine Eisenbahn, die aus dem zentralen Fluchtpunkt der Komposition kommend über eine Brücke fährt. In wenigen Augenblicken wird sie rechts vorne wieder aus dem Bild verschwinden. Die Flusslandschaft mit einer weiteren Brücke links ist verwaschen, das einzig wirklich scharf Konturierte ist der schwarze Schornstein der Lokomotive. Der Bildtitel *Regen, Dampf und Geschwindigkeit – die Great Western Railway*, der seinen Teil zur Berühmtheit des Gemäldes beigetragen hat, ist auf verschiedene Weise zu verstehen. Einerseits als prozessuale Abfolge, also als *Regenwasser zu Dampf und Dampf zu Geschwindigkeit* mit dem Resultat: Das ist die sensationelle Erfindung der modernen Eisenbahn. Andererseits aber auch als Sujet des Künstlers, der sich vorgenommen hat, hier Flüchtiges, Diffuses, ja Immaterielles in einem statischen Bild zu bannen. Der Ehrgeiz Turners bestand darin, jene Sekunde festzuhalten, in der die Augen dem vorbeirasen-

Abb. 98: Richard Doyle: *Turner malt eines seiner Bilder*, aus: *The Grand Almanack of the Month*, Juni 1846

den Zug folgen – als würde er eine Kamera auf den Schornstein der Lok richten und sie mit der Bewegung des Objekts mitziehen; alles im Bild erscheint somit unscharf, nur der Schornstein nicht. Was im jungen Medium Fotografie noch Zukunftsmusik war, nahm Turner hier in der Malerei vorweg.

Seine Zeitgenossen honorierten eine solche Malweise einmal mehr mit Spott. Eine Karikatur aus dem Satiremagazin *Punch* zeigt Turner mit Mopp und einem Eimer gelber Farbe vor der Leinwand agierend, um noch mehr Licht in seine Bilder zu bringen und seinem »Gelb-Fieber« Tribut zu zollen.[240]

Abb. 99: *Sonnenaufgang mit Seemonstern*, 1843

Die Great Western Main Line von Bristol nach London war drei Jahre zuvor, 1841, fertiggestellt worden. Sie führte unter anderem über die Maidenhead-Brücke, die aus rotem Backstein errichtet wurde und sich in zwei flachen Bögen über die Themse spannt. Turners Gemälde darf als Hommage an die Innovationskraft britischen Ingenieurswesens verstanden werden, sowohl hinsichtlich der Dampfmaschine als auch des Brückenbaus. Letztlich sah er sich selbst als großer Experimentator.

»In dem Fortschreiten einer Kunst, von ihrem rohen Zustande bis zu einer gewissen Vollendung hängt Alles von Versuchen ab«, schrieb Humphry Davy in seinem Werk *Sir Humphry Davy's tröstende Betrachtungen auf Reisen; oder die letzten Tage eines Naturforschers.* Er selbst hatte allerdings durch Experimente seine Gesundheit ruiniert und war 1829, gerade fünfzigjährig, verstorben. Doch ohne Experimente kein Fortschritt. »Die Wissenschaft«, so fährt er fort, »ist in der That nichts anders, als die Verfeinerung des gemeinen Menschenverstandes, welcher von schon bekannten Thatsachen Gebrauch macht, um neue Thatsachen zu gewinnen.«[241] Am vorläufigen Ende der Experimentierfreudigkeit, die Davy mit Beispielen seit dem alten Ägypten belegt, steht die segensreiche Dampfmaschine, die den Menschen ermüdende Tätigkeiten erspart, geistige Kapazitäten freisetzt und die Arbeitskraft der Nation verdoppelt.[242] Kurz, es handle sich um einen Triumph der Wissenschaft, der »die Arbeit verringert, und die wahre Stärke Englands vermehrt!«.[243]Als einen solchen Triumph feierte auch Turner die Dampfmaschine, die Wasser und Feuer in einen Kessel sperrt, um Kraft und Geschwindigkeit zu erzeugen.

So innovativ sein Gemälde erscheint, der Maler konnte es sich nicht verkneifen, zwei kleine anekdotische Details unterzubringen. Zum einen einen Hasen, der vor dem heranrauschenden

Zug über die Gleise springt, zum anderen ein Ruderboot, das gemächlich auf der Themse dahinschippert – anschaulich-altmodischer Kontrast zur Rasanz der Moderne. – Verkörpert der Hase die Geschwindigkeit, verweist der aufgespannte Schirm des einen Bootfahrers auf den Regen.

Es dauerte eine Generation, bis Turner auch in Deutschland, im Licht des Impressionismus, wertgeschätzt werden konnte. Dass Turner auch als Vater »ungegenständlicher Kunst« herhalten musste, beruht auf einer Fehlinterpretation, denn sein Vorgehen war keineswegs ein Prozess der Abstraktion. Turner lädt vielmehr dazu ein, Dinge und Phänomene mit Sorgfalt zu betrachten und Seherfahrungen zu machen. Er entdeckt nicht in der zufälligen Struktur das Gegenständliche, sondern veranschaulicht, wie sich das Gegenständliche quasi selbst abstrahiert. Der Versuch, Turner als »Entdecker der Abstraktion« zu etablieren, muss schon deshalb in die Irre führen. Bezeichnenderweise werden als Belege für diese angebliche Abstraktion weitgehend flüchtige Skizzen und mutmaßlich unvollendete Bilder herangezogen.[244]

Doch bei genauerer Betrachtung ist Turner überzeugter Naturalist, der genau hinsieht, selbst wenn es vermeintlich nichts zu sehen gibt, und die Natur auch dann abbildet, wenn sie sich selbst hinter Nebeln oder Gewittern unsichtbar macht. Ein Lichtkünstler wie James Turrell hat das genau erkannt und knapp formuliert: »Er malte, was er sah«[245] – und seien es auch Seemonster. So wie nicht alles zu sehen ist, was existiert, so existiert auch nicht alles, was wir sehen. Seeungeheuer zu sehen, heißt schließlich nicht, dass sie real sein müssen.

Dass Turner sich hier auf die Genesis bezog – Seeungeheuer waren das Erste, was Gott an Lebewesen kreierte –, ist eher unwahrscheinlich. Auf Nachfrage allerdings hätte er mit ernster Miene auf einen selbstzufriedenen Gott verweisen können: »Und Gott schuf große Seeungeheuer […] und sah, dass es gut war. Und Gott segnete sie und sprach: Seid fruchtbar und mehret euch.«[246]

Die ekstatisch gefeierte Turner-Ausstellung des Jahres 1906 in der Londoner Tate, die bewusst vollendete und als ursprünglich unfertig eingestufte Bilder mischte und damit die Grenze verwischte, hatte Turner mit diesem Ansatz »aktualisiert« und ihm ein »moderneres« Image verpasst. (Ganz nebenbei wurden die unfertigen Bilder zu ebenbürtigen Exponaten aufgewertet.) War das legitim, hier so zu tun, als gäbe es keinen Unterschied?

Fortan stellte sich die Frage noch dringlicher, ob die Leinwände, die Turner selbst nie ausgestellt hatte, wirklich vom Künstler so gemeint waren, wie sie hier nun präsentiert wurden – beziehungsweise inwieweit Übereinstimmungen mit dem Impressionismus rein zufällig waren. Hat Turner nur zufällig impressionistisch gemalt, oder hat er auch bewusst impressionistisch gedacht? Ließe sich darüber ein abschließendes Urteil fällen und spielte das überhaupt eine Rolle? Die Ausstellung kam zu einem Zeitpunkt, an dem der (französische) Impressionismus als Dernier Cri noch in aller Munde war. Den (britischen) Turner hier als denjenigen in Stellung zu bringen, der all dies bereits vorweggenommen hatte, war allemal ein Coup, der dem Nationalstolz schmeichelte.

Turners Indienstnahme als Proto-Impressionist[247] erscheint auf den ersten Blick berechtigter als die Vereinnahmung durch die Abstraktion, war er doch nach eigenem Bekunden darum bemüht, den tatsächlichen optischen Eindruck, die Impression zu vermitteln. Doch wo der Impressionismus das klare Motiv in Farbakzente auflöste, die sich im Auge des Betrachters wieder zusammensetzen, verwischte Turner die Farben. Wo der Impressionismus zur Statik neigte, herrschte bei Turner Dynamik, oder wie Meier-Graefe bereits 1904 bemerkte: »Erst in unseren Tagen vermag die Kunst, die aus dem Impressionismus herauswächst, der letzte Monet und noch mehr die Schule Signacs, dem genialen Einfall des Meisters zu folgen, um ihrer nüchternen Doktrin ein wenig Rhythmus beizumischen.«[248]

Turners besonderes Interesse galt realen Situationen, in denen sich die optische Wahrnehmung verunklarte; diese Verunklarung wiederum versuchte er »naturalistisch« darzustellen, präzise wiederzugeben, was war. William Macepeace Thackeray, unter anderem Autor des Bestsellers *Vanity Fair*, beschrieb das treffend: »Turner hat alle früheren Wunder übertroffen. Er hat ein Bild mit wirklichem Regen gemalt, hinter dem wirklicher Sonnenschein liegt, so daß jeden Moment ein Regenbogen zu erwarten ist.«[249] Wenn Paul Signac dagegen meint, Turner beweise ihm, »daß wir uns freimachen müssen von jedem Gedanken an Nachahmung und Kopie der Natur«,[250] dann kann dies nur als Missverständnis gesehen werden. Dass seine Bilder aber tiefen Eindruck auf Claude Monet und Camille Pissarro machten, die 1870 auf Distanz zum Deutsch-Französischen Krieg gegangen waren und in London Turner entdeckten, steht außer Frage. Nicht nur die Begeisterung für moderne Technik, explizit die Eisenbahn, teilte Monet mit Turner, auch Monets Malstil machte in dieser Zeit einen entscheidenden Schritt der Auflockerung. Als bedeutendstes Resultat dieser Entwicklung entstand *Impression, Soleil levant*, das für den Impressionismus namensgebende Gemälde.

So wie die Perspektivkonstruktionen seit der Renaissance Räumlichkeit auf der Fläche vortäuschten, so war es das Anliegen Turners in seinen späteren Werken, Bewegung vorzutäuschen. Im

Wissen darum, dass die Leinwand flach und statisch ist, kann der Betrachter sich auf das Spiel der Täuschungen einlassen und sie als Täuschungen der Kunst erst würdigen. Turners Zeitgenossen waren nur bedingt bereit, sich für eine Suggestion der Bewegung im Bild zu öffnen. Ein Bild hatte in ihrer Vorstellung die Aufgabe, entweder einen Augenblick im Sinne Pierre-Henri de Valenciennes festzuhalten oder aber mehrere Lichtstimmungen und Details auf ideale Weise in einem Bild zu verdichten. Eine Bewegung dagegen beinhaltete das Sukzessive. Nicht im Sinne der Tradition einer Bildergeschichte, in der mehrere Szenen der Handlung nebeneinander in einem Bild dargestellt werden können, sondern als Kontinuum und somit als Zeitablauf. Die Zeitlosigkeit des Bildes wird damit durchbrochen.

Turners Vorliebe für Bewegung lässt ihn daher mit mindestens ebenso großer Berechtigung als Ahnen des Futurismus wie des Impressionismus erscheinen. »Wir erklären, dass sich die Herrlichkeit der Welt um eine neue Schönheit bereichert hat: die Schönheit der Geschwindigkeit«, verkündete 1909 Filippo Tommaso Marinetti im Manifest des Futurismus und feierte den Motor und die angriffslustige Bewegung: »Zeit und Raum sind gestern gestorben. Wir leben jetzt im Absoluten, denn wir haben schon die allgegenwärtige Geschwindigkeit der Ewigkeit erschaffen.«[251] Vor dem Hintergrund der dominanten kulturellen Vergangenheit Italiens war das Manifest als Befreiungsschlag von allem Überkommenen und zugleich als Kampfansage an die Kulturwächter und Institutionen gedacht. Sein ideologischer Ansatz, basierend auf einer Verherrlichung des Krieges und einem expliziten Antifeminismus, ist dabei in seiner Zeit keineswegs sonderlich provokant, wenngleich drastisch formuliert. Hier gibt es keine Berührungspunkte mit Turner. Hinsichtlich seiner künstlerischen Zielsetzung jedoch gab der

Futurismus europaweit Impulse, und hätte es seinen Verfechtern nicht per definitionem widerstrebt, sich als Futuristen auf Vergangenes zu berufen – schließlich empfand man das eigene Tun als unvergleichlich revolutionär –, wäre man um William Turner kaum herumgekommen. Nicht nur die Dynamik seiner Darstellungen, die so weit geht, dass die Bilder selbst als Turbulenzen erscheinen, auch seine Feier technischer Innovationen wie Dampfmaschine und Eisenbahn können als prä-futuristisch betrachtet werden.

Proklamierten die Futuristen das Ziel, die Werke der vorhergehenden Generationen zu vernichten, forderten sie konsequenterweise auch eine Vernichtung der eigenen Werke durch die nachfolgende Generation. Selbst hier lag Turner in gewisser Weise auf ihrer Linie; denn trotz gewaltiger Produktivität hat er dieser Vernichtung Vorschub geleistet, kümmerte er sich doch wenig um die konservatorischen Aspekte seines Schaffens. Seine oft beklagte Haltung hinsichtlich des kurzen Augenblicks, in dem das Gemälde in Perfektion erstrahlen muss, bevor sich seine Farben verändern und ihre Präsenz verlieren,[252] entspricht durchaus den gegen das Museale gerichteten Idealen des Futurismus.

War die zeitgenössische Kritik überwiegend darauf aus, Turner aufgrund des Undefinierten, Undeutlichen, der Unschärfe und fehlenden Kontur zu verspotten, so feierte die Turner-Literatur jüngerer Zeit den Maler als Meister der Assoziation, als den Künstler, der seine Werke absichtlich im Vagen, ja im Unvollendeten belasse, um der Perzeption und Phantasie des Betrachters eine Vollendung zu überlassen. [253] Diese Sichtweise sollte hinterfragt werden. Zunächst ist die Formulierung »unvollendet« problematisch, denn selbst wenn er Bilder bewusst vage belassen hätte, wäre dieses Vage das künstlerische Ziel und entspräche somit in den Augen des Malers auch dem Zustand der Vollendung.

Abb. 100: *Norham Castle, Sonnenaufgang*, ca. 1845

Es stellt sich jedoch einmal mehr die Frage, ob Turner nicht vielmehr ein besonderes Interesse an realen Situationen hatte, in denen sich die optische Wahrnehmung verunklart. Seine Bilder wären dann naturalistisch zu nennen, würden sie doch versuchen, möglichst präzise wiederzugeben, was ist. Die Realität erscheint gelegentlich weitaus abstrakter, als wir denken. Diese Botschaft vermittelt Turner. Bei genauer Betrachtung der Welt wird erst deutlich, dass einem oft nichts zu erkennen bleibt.

Während Caspar David Friedrich zum Ende des 19. Jahrhunderts weitgehend vergessen und die deutsche Romantik verschmäht war, schrieb der Kunsthistoriker Richard Muther, »das Genialste, was an Landschaften in den Jahren 1800-1830 entstand, ist englischen

Ursprungs«. Deutschland und Frankreich hätten in der ›Zwangsjacke des Klassizismus‹ gesteckt, ganz anders dagegen England. »England hat in diesen Jahren einen Landschafter gehabt, der abseits von allen andern als einziges, unnachahmliches Phänomen der Geschichte der Landschaftsmalerei dasteht«, so Muther.

> *Das Phänomen ist Turner, der grosse Pyrothechniker, einer der eigenartigsten und geistvollsten Landschafter aller Zeiten. Was für ein sonderbarer Mensch! Wie kann er die ärgern, die nur das Regelrechte in der Kunst lieben! Sie theilen Turners Leben in zwei Hälften, die eine, wo er vernünftig, die andere, wo er ein Narr war. Sie geben ihm einiges Talent für die ersten 15 Jahre seiner Wirksamkeit, aber in dem Augenblicke, wo er ganz Herr seines Werkzeugs ist, wo der Maler anfängt, in glühender Begeisterung sein persönliches Ideal zu verkörpern, da weisen sie ihn aus dem Reiche der Kunst und sperren ihn in's Irrenhaus.*[254]

Dass sich an Turner auch in der Heimat, trotz der Apotheose, die Ruskin betrieben hatte, bis ans Ende seines Lebens und darüber hinaus die Geister schieden, sollte angesichts der Resonanz aus Deutschland nicht vergessen werden.

Der Unverständlichkeit seines Werks schien die Skurrilität seiner Persönlichkeit mehr und mehr zu entsprechen. Insofern gelang es Turner letztlich doch noch, sein Werk und seine Person in Übereinstimmung zu bringen. Als verschroben betrachteten ihn seine Zeitgenossen spätestens, wenn sie ihn in seinem Haus besuchten.

Als der britische Biologe mit einem Faible für Fossile Richard Owens in Begleitung eines Bekannten Turners Einladung folgte, dessen Bilder anzusehen, mussten sie zunächst eine Weile warten, bis auf ihr Läuten die Tür geöffnet wurde, wie Owens Biograf und Enkel berichtete. Dann wurden sie von einer misstrauischen Haushälterin (von Hannah Danby, der Nichte von Turners langjähriger Lebenspartnerin) in einen Raum geführt, um dort zu warten. Als die Haushälterin die Tür hinter ihnen zuzog – die Jalousien waren geschlossen –, fanden sie sich in völliger Finsternis wieder. Nach einer Weile dann wurden sie ins oberste Stockwerk gebeten, wo sie Turner, vor mehreren Staffeleien stehend, begrüßte. Ihre Behandlung, so erklärte er seinen Besuchern, sei weder Zufall noch Schikane noch einer Nachlässigkeit geschuldet, sondern ein Reinigungsprozess für die Augen. Das Licht draußen habe ihre visuelle Empfindung verdorben und die Dunkelheit sei nötig gewesen, um sie für eine vorteilhafte Wahrnehmung der Bilder vorzubereiten.[255]

Die Schleuse aus Dunkelheit zwischen Außenwelt und Künstleratelier sollte wie eine erfrischende Phase des Schlafs wirken, beruhigen und zugleich Lust darauf machen, wieder sehen, wieder etwas sehen, wieder etwas neu sehen zu können. Vielleicht versprach sich Turner von seiner Methode einen unvoreingenommeneren Blick, gewissermaßen jenes ideale »unschuldige Auge«, von dem John Ruskin spricht[256], welches die Dinge unbewusst kindlich und ohne (Seh-)Erfahrung betrachtet. Das Staunen vor den Spielarten des Lichts, die Turner einzufangen versuchte, war nur möglich, wenn man sich als Betrachter frei machte. Dazu bedurfte es der Beruhigung, der Ruhe, denn »das geräuschvolle Leben der modernen Zeit ist«, wie Ruskin schrieb, »vollkommen unvereinbar mit jeder wahren Wahrnehmung natürlicher Schönheit«.[257] Der Blick des guten Künstlers (und des Betrachters) solle ein freier, ursprünglicher, ein möglichst kindlicher sein, darauf gerichtet, die Farben so zu zeigen, wie wir sie sehen, nicht wie wir sie als Objekte interpretieren.[258]

FINALE

Mit seinen Walfängern fand Turner noch einmal ein Thema. Angeregt von Thomas Beales Bestseller *The Natural History of the Sperm Whale*, der die Brutalität des Walfangs nüchtern in all seinen Details schilderte, malte er 1845 vier »Whalers«-Bilder,[259] welche die Techniken und Gefahren des Walfangs andeuten und die Jäger als ambivalente Gestalten präsentieren: zugleich als Draufgänger, Helden und gierige Mörder, die den Kampf mit den »Monstern aus der Tiefe« aufnahmen.[260]

Die Gemälde entstanden vielleicht in der Hoffnung, sie an Elhanan Bicknell verkaufen zu können, einen Kunstsammler, Nachbarn Ruskins und Londoner Geschäftsmann, der unter anderem in den Walfang im Südpazifik investierte. Bicknell besaß unter anderem bereits das Gemälde *Giudecca, la Donna della Salute und San Giorgio*, das – einst erworben für 250 Pfund – 2006 bei Christie's in New York für 35,8 Millionen Pfund den Besitzer wechselte und damit zum teuersten britischen Gemälde wurde, das bis dato auf einer Auktion unter den Hammer kam.

Doch der Verkauf an Bicknell kam nicht zustande, wegen persönlicher Animositäten, wegen der einmal mehr diskutierten Malweise oder aufgrund der Motive, die das, womit der Mäzen unter anderem sein Geld verdiente, nicht unbedingt ins beste Licht rückten. Sicher hätten sie als Illustrationen zu *Moby-Dick* getaugt, doch der Roman des jungen Herman Melville, Ruskins Jahrgang, erschien erst zwei Monate vor Turners Tod.

Abb. 101: *Whalers*, 1845

Eine letzte Reise führte Turner ausschließlich nach Frankreich: Dieppe, Küste der Picardie, Le Tréport, Boulogne-sur-Mer. Er zog um diese Zeit praktisch ganz nach Chelsea und mied die Öffentlichkeit, seine Zähne machten ihm zu schaffen, und ein Dentist versuchte vergeblich ihm mit einer Prothese Erleichterung zu verschaffen. Später berichtete der Zahndoktor an Ruskin, wie Turner auf ihn gewirkt hatte, wie er ihm gegenüber niemals seinen richtigen Namen verwendet und wie im Haus nichts auf einen Künstler hingedeutet habe: »Er liebte es sehr zu rauchen und hatte dennoch eine große Abneigung dagegen, daß jemand davon wußte. Seine Ernährung bestand damals hauptsächlich aus Rum und Milch. Er trank manchmal über zwei Liter Milch am Tag und entsprechend Rum, sehr häufig bis zum Übermaß.«[261]

War sein vermutlich erstes Gemälde mythologischen Inhalts von 1798 eine Szene aus der *Aeneis*, so thematisieren auch seine letzten vier der insgesamt 258 Werke, die er an die Royal Academy schickte, die Legende von Dido und Äneas. Drei von ihnen sind erhalten. Nach Angabe seines Hausangestellten malte er sie gleichzeitig »in Rotation«. Als Variationen über das Thema Sonne und Hafen zitieren sie die beiden Karthago-Bilder von 1815 und 1817, doch nun ist bis auf wenige Schemen alle Architektur verschwunden. Meer, Berge und Himmel verschmelzen zu einer Einheit, und selbst die Menschengruppen zerfließen in den Farbtönen der Landschaft. Auf dem ersten Gemälde scheint Äneas in Begleitung des nackten Amor und umgeben von einer Gruppe Frauen mit Kindern die Ankunft des Götterboten zu erwarten, der fast durchsichtig von rechts oben über den Bergrücken herabsteigt. Im zweiten Gemälde, so legt der Titel nahe, hofft Dido in Begleitung von Äneas am Grab ihres Gatten von ihrer Leidenschaft befreit zu werden; doch die erneute Gegenwart Amors macht deutlich: Auch die Erinnerung an eine glückliche Ehe wird ihre neue Liebe nicht nennenswert dämpfen. Im dritten Bild wird Dido (wie schon 1815 in blauem Kleid) in einer Gruppe von aufgebrachten Frauen Zeugin des Auslaufens der Schiffe der Trojaner.

Turner reichte die Bilder wieder einmal mit einer Zeile aus seinem Gedicht *Fallacies of Hope* ein. Zu seinen *Trugschlüssen der Hoffnung* gehörte offenbar auch diese Szene. Ob Dido ihren Gatten betrügt oder Äneas Dido oder ob die Götter die beiden um ihre Liebe betrügen, darüber mag der Betrachter meditieren. Für Turner jedenfalls stand fest: »Im Zorn ging die Sonne unter angesichts eines solchen Betrugs.«

Abb. 102: *Merkur wird ausgesendet, um Äneas zu ermahnen*, 1850

Abb. 103: *Besuch am Grab*, 1850

Zu ähnlicher Meditation scheint der Satz »The Sun is God« einzuladen, den Turner angeblich in den letzten Wochen seines Lebens geäußert hat. Auch er ist entsprechend vielfältig interpretiert worden. War das ein spätes Bekenntnis zur Religion, oder im Gegenteil eine Negierung Gottes (von der göttlichen Sonne einmal abgesehen)? War es eine ehrfürchtige Verneigung vor ihrer lebensspendenden Kraft oder blieben Turners Sonnen am Ende doch immer nur Selbstporträts des göttlichen Künstlers?[262] Die Sonnen, die er 1850 in der Royal Academy zeigte, waren jedenfalls sein letzter großer Auftritt. Und dessen dürfte sich Turner trotz aller Verdrängung des Todes doch bewusst gewesen sein.

In einer Zeitspanne von 60 Jahren hatte er Werke bei der jährlichen Ausstellung eingereicht. 1851 nahm er nicht teil, was im Kreis seiner Freunde und Kollegen als Zeichen seines prekären Gesundheitszustands gewertet wurde. Als er kurz zur privaten Besichtigung erschien, schreibt Thornbury, war offensichtlich, dass er das Jahr nicht überleben würde: »Er war zittrig: er war schwach: er war nicht länger das robuste, zähe, seltsame Wesen; er war der gebrochene, verfallende alte Mann.«[263]

1851. Die Welt hatte sich in den 76 Jahren seines Lebens weitergedreht. Statt des ersten Napoleons, der Turners frühe Jahre so geprägt hatte, riss nun der dritte die Macht in Frankreich an sich. Léon Foucault präsentierte im Invalidendom sein Pendel, um die Erdrotation anschaulich zu machen, in London eröffnete die erste Weltausstellung im spektakulären Crystal Palace und Paul Julius Reuter gründete seine Nachrichtenagentur, in den USA erschien erstmals die *New York Times* und in Deutschland komponierte Wagner seinen *Walkürenritt*.

Am 19. Dezember starb William Turner in Chelsea, am 30. De-

Abb. 104: George Jones: *Aufbahrung Turners in seiner Galerie am 29. Dezember 1851*

zember wurde er in der St Paul's Cathedral seinem Wunsch entsprechend neben seinen »brothers in art«, neben Joshua Reynolds und Thomas Lawrence in der Krypta beigesetzt. Der Maler George Jones war als Augenzeuge dabei und hielt die Szene fest. Er hat Turner am Tag zuvor auch aufgebahrt in seiner eigenen Galerie gemalt. Vom Sarg, um den die Trauernden stehen, geht ein heller Schein aus, als ob der Maler inmitten seiner durchlichteten Bilder selbst zur Lichtquelle würde.

Dass es ihm nicht an berechtigtem Selbstvertrauen fehlte, steht außer Frage. Für seinen Ruhm wichtiger noch als sein Talent war jedoch seine Geschäftstüchtigkeit, die ihm bereits zu Lebzeiten zu Wohlstand verholfen hatte. Turner war sparsam bis geizig, hart bei Verhandlungen und ein strenger Vermieter. Seine innere Unruhe, die sowohl in seiner unermüdlichen Reisetätigkeit als auch in seiner

Abb. 105: *Fischer auf der Lagune bei Mondschein*, Venedig, 1840

Malerei Ausdruck fand, tat ein Übriges. Von seiner nationalen Bedeutung besaß Turner eine hohe Meinung. Seine Biografen hatten zwar gemutmaßt, ihm sei nicht an Nachruhm gelegen, denn sein experimenteller Umgang mit Farben gewährleiste keine dauerhafte Haltbarkeit des Kolorits, doch er selbst sah die Dinge offenbar anders, wünschte sich eine Musealisierung als nationales Kulturgut. Sein Werk sollte vereint bleiben, daher vermachte er es dem Staat mit der Auflage, ihm eine eigene Pinakothek zu errichten. Diese Bedingung allerdings sollte erst 1987 halbherzig durch einen Anbau der Tate Gallery durch James Stirling und Michael Wilford erfüllt werden.

Für den Rest Europas erhob Theodor Fontane kurz nach Turners Tod die Stimme:

> *Turner ist auf dem Continente außer bei den Kunstverwandten kaum dem Namen nach gekannt, und seine Bilder kennen nur jene wenigen, die zu ihren Künstlerfahrten nach Rom und Paris einen flüchtigen Besuch an der Themse gesellt haben.*
> *Turner hat nur lokalen Ruhm, aber an Ort und Stelle ist es ein ganzer und unbestrittner Ruhm. Wie immer hat sein Tod, der vor ohngefähr zwei Jahren erfolgte, das Maaß voll gemacht. Man hat ihn in St. Paul's begraben und der Neid und die Kritik schweigen, seitdem die Staffelei des alten Herrn leer steht.*[264]

Das stimmte nicht ganz. Kaum war Turner tot, drangen Menschen in alle Winkel seines Hauses vor, Menschen, denen William Turner zu Lebzeiten niemals Zutritt zu seinen privaten Gemächern gewährt hätte. Sie ließen sich darüber aus, wie düster das Entrée und wie spartanisch sein Schlafzimmer waren und erkundeten mit besonderer Genugtuung das Heiligste, sein Atelier. Sie versuchten

Turners Malweise anhand seiner Farben und Pinsel zu ergründen, hinter seine Geheimnisse zu kommen, und sahen doch nur, wie sich unfertige, unverkaufte und unverkäufliche Leinwände achtlos entlang der Wände stapelten. Turner hatte wie am Fließband gearbeitet, davon zeugten die rund dreihundert Skizzenbücher, und er hatte den Prozess des Malens selbst so weit rationalisiert, wie es einem Einzelnen möglich war. Was letztlich als bewusst unvollendet betrachtet werden kann, was als unbefriedigend auf halbem Wege abgebrochen wurde, wo die Zeit für eine Fertigstellung fehlte oder wo ein Kunde abgesprungen ist, darüber lässt sich lediglich im Einzelfall spekulieren. Die Grenzen scheinen hier ebenso fließend wie die Farbverläufe innerhalb von Turners Bildern.

Die Hinterbliebenen fochten sein Testament an und bekamen einen Großteil des Erbes von 140 000 Pfund zugesprochen, »während die Nation einen weitaus größeren Anteil seines Atelierbestands als von Turner beabsichtigt in Besitz nimmt«.[265] Er hatte sich ein jährliches Abendessen zu seinem Geburtstag in der Akademie gewünscht, man setzte sich über diesen Wunsch hinweg. Sein von ihm verfügtes Stipendium für mittellose Künstler wurde ebenso ignoriert und die Akademie konnte sich nicht dazu durchringen, die von ihm erträumte Professur für Landschaftsmalerei einzurichten. Lediglich eine Goldmedaille für das beste Landschaftsbild wurde in seinem Namen alle zwei Jahre vergeben. Missachtung auf ganzer Linie. Seit 1984 existiert immerhin der *Turner Prize*, Großbritanniens populärste Auszeichnung für bildende Künstler.

Man kennt den kleinen dicklichen Herrn, der anscheinend mit Zylinder auf dem Kopf malte, aus Karikaturen als entfesselten Pinselschwinger, der seine eher statischen Boote, Burgen und Brücken im Laufe seines Lebens zusehends durch das reine Licht und durch turbulente Katastrophen ergänzte und schließlich durch diese ersetzte. Lange genug hatte er seiner Zeit und ihrer Verständnislosigkeit Tribut gezollt, so dass er schließlich – bei allem Respekt für die Institution der Akademie – auch noch das Letzte über Bord geworfen hatte, das ihn mit akademischen Konventionen verband. Künstler wie Turner »sind die Stolpersteine auf der Straße der Geschichte, die Fehler im System«.[266] Der eigenen Zeit ein Anlass für Hohn oder ein Ärgernis, der Nachwelt ein Leuchtfeuer in historischer Ferne.

ANHANG

ANMERKUNGEN

1 Thornbury, Bd. 2, S. 275
2 Wilton 2006, S. 7
3 Thornbury, Bd. 2, S. 162-163
4 Zit. n. Thornbury, Bd. 2, S. 163
5 Thornbury, Bd. 1, S. V-VI
6 Vgl. Wilton 2006, S. 13
7 Ebd., S. 14
8 Vgl. Shanes, S. 1
9 Thornbury, Bd. 1, S. 26
10 Burford, S. 192 (… the great square of VENUS, and its purlieus are crowded with the practitioners of this Goddess. One would imagine that all the prostitutes in the Kingdom had decided on this neighbourhood …)
11 Armstrong, S. 9
12 Ebd., S. 4-5
13 Thornbury, Bd. 1, S. 51-52
14 Zit. n. Vogt, S. 8
15 Vgl. Shanes, S. 34
16 Reynolds, Discourse III, S. 25
17 Reynolds, Discourse II, S. 11-12
18 Reynolds, Discourse VI, S. 77
19 Vgl. Klonk, S. 9
20 The Artist's Repository or Enzyclopedia of the Fine Arts, Bd. 4, London 1808, S. 132
21 Thornbury, Bd. 2, S. 99-100
22 Roach, S. 64, bezweifelt noch 2016, dass sich britische Kunst des 19. Jahrhunderts mit kontinentalen Werken messen lassen könne. Vgl. auch Gillian Forrester, Turners Pastorale, in: Herbst, S. 21
23 Vgl. Wagner, S. 16
24 Ebd.
25 Koch, S. 24
26 Alfred Munnings bekleidete das Amt von 1944 bis 1949. Er entschädigte die Akademie jedoch für das von ihm bevorzugte Genre durch eine erzkonservative Haltung gegenüber der Kunst des Expressionismus, vgl. auch Tanja Pirsig Marshall, The Road to Fame, in: Arnhold, S. 48
27 Vgl. auch Ohff, S. 33ff.
28 Reynolds, S. 268
29 Vgl. Busch 1997, S. 206-213. Cozens verweist darauf, dass auch Leonardo da Vinci schon dazu animiert habe, brüchiges Mauerwerk und andere zufällige Strukturen zu nutzen, um darin Gegenständliches zu entdecken.
30 Brown, Einleitung, in: Grant, S. 8
31 Zit. n. Thornbury, Bd. 1, S. 59
32 Vgl. Thornbury, Bd. 1, S. 53
33 Ebd., Bd. 2, S. 35
34 Vgl. Vogt, S. 7
35 Vgl. Gaunt, S. 5
36 Vgl. Klonk, S. 26
37 Gilpin 1800, S. 91
38 Gilpin 1792, S. 46
39 Combe, S. 87
40 www.gutenberg.org/files/9622/9622-h/9622-h.htm#poem23
41 Morris, S. 209
42 Besuch in einer englischen Kohlen- und Eisenstadt, Die Gartenlaube, Nr. 40, Leipzig 1855, S. 531
43 Sein Gemälde *A Desaster at Sea*

etwa könnte aus Anlass zweier Havarien entstanden sein, die sich auf dem Weg nach Australien ereigneten: der Schiffbruch der *Hibernia* 1832, bei dem 153 der 209 Emigranten ertranken, und der Untergang der *Amphitrite* 1833 mit 108 deportierten weiblichen Strafgefangenen und zwölf Kindern, bei dem es nur 3 Überlebende gab.

44 Vgl. z.B. Gillian Forrester, Modern Histories, in: Galassi, S. 14

45 Vgl. Thurnbury, Bd. 2, S. 35

46 Ebd.

47 Ebd.

48 Vgl. Ohff, S. 32

49 Brown 2019, S. 4

50 Vgl. das *Isle of Wight Sketchbook*, Tate Gallery, London

51 Tanja Pirsig-Marshall, The Road to Fame, in: Arnhold, S. 53

52 Vgl. David Blayney Brown, Welt in Bewegung, in: Arnhold, S. 34

53 Walker, S. 15

54 Sontag, S. 116

55 Ebd., S. 122

56 Zit. n. Melville, S. 105, vgl. auch Sontag, S. 133

57 Vgl. Beckford, S. 31

58 Vgl. ebd., S. 328

59 Ebd., S. 190

60 Ebd., S. 287

61 Vgl. ebd., S. 203

62 Gottfried Benn, Vorwort in: W. H. Auden: Das Zeitalter der Angst, München 1979, S. 16

63 Beckford, S. 203

64 Ebd., S. 300

65 Stéphane Mallarmé, Vorwort zu Beckford: Vathek, S. 7

66 Andere Schlösser, wie Hadlow Castle, sind wiederum deutlich von Fonthill Abbey inspiriert.

67 Vgl. Ogée, S. 78

68 Ohff, S. 35 – Die Rede ist von Francis Egerton, 3rd Duke of Bridgewater, der 1800 das Gemälde *Dutch Boats in a Gale* erwarb.

69 Marie Meeth, Horror with Delight, in: Arnhold, S. 57

70 Zit. n. Melville, S. 294: »He paints now as if his brain and imagination were mixed up on his palate with soapsuds and lather. One must be born again to understand his pictures.«

71 Eckermann, Gespräche mit Goethe, 12. März 1828

72 Vgl. Kielinger, S. 133-134

73 Vgl. David Blayney Brown / Sam Smiles, *Introduction*, in: Brown 2020, S. 20

74 Vgl. Wilton 2006, S. 13

75 Ebd. 2006, S. 10

76 Zit. n. Wilton 2006, S. 11

77 Wilson, S. 17

78 Vgl. Brown 2019, S. 6

79 Das einzige moderne Werk, das Turner in Paris kopierte, ist die erst 1799 entstandene *Rückkehr des Marcus Sextus* von Pierre-Narcisse Guerin; es befand sich in der Privatsammlung des Kleiderfabrikanten Jean-Baptiste Decretôt an der Place des Victoires.

80 Pierre-Henri Valenciennes: *Éléments de perspective pratique à l'usage des artistes, suivis de réflexions et conseils à un élève sur la peinture et particulièrement sur le genre du paysage,* zit. n. Busch 1997, S. 235

81 So übersetzt Johann Heinrich Meynier 1803, zit. n. Werner Busch,

Alles Unvollständige ist der Zeitlichkeit unterworfen. Der Anteil des Betrachters an der »Vervollständigung« der Kunst um 1800, in: Kisser, S. 178

82 Ebd.

83 Pierre-Henri Valenciennes: *Éléments de perspective pratique à l'usage des artistes, suivis de réflexions et conseils à un élève sur la peinture et particulièrement sur le genre du paysage,* zit. n. Busch 1997, S. 235.

84 Ebd., S. 236

85 Busch 1997, S. 239, schließt daraus, »daß Valenciennes und seine Schüler [vor allem Jean Baptiste Deperthes] der direkten Gattungsauflösung der Impressionisten im entscheidenden Maße vorgearbeitet haben«.

86 »In this striking picture we behold with astonishment, and a certain degree of terror, one ot those great convulsions of nature, which the Alpine regions of Switzerland continually present on the melting of the snow, and on wich no painter, but a native, could have given an adequate idea.« (zit. n. The Tate Gallery Report 1965-1966, London 1967)

87 Vgl. Bockemühl, S. 19

88 Amy Concannon, *Small but Mighty. The »Magic« Turner's Watercolours*, in: Kappel Blegvad, S. 28

89 Fontane, S. 25

90 Vgl. Wagner, S. 23

91 Ruskin 1890, S. 136: »Keines von Turners Bildern erschien einen Monat nachdem es gemalt worden war noch in seiner Vollkommenheit.«

92 Thornbury, Bd. 1, S. 71

93 Armstrong, S. 14

94 Zit. n. Ohff, S. 104

95 Vgl. Walker, S. 18

96 Bereits in seinem Gemälde *The Battle of the Nile, at 10 o'clock, when the L'Orient blew up, from the Station of the Gun Boats between the Battery and the Castle of Aboukir* wählte Turner einen sehr präzisen Titel, der suggeriert, es handle sich quasi um die Momentaufnahme eines Augenzeugen.

97 Vgl. Costello, S. 27

98 Seine Sehkraft auf dem rechten Auge verlor Nelson 1794 bei der Eroberung Korsikas (Schlacht von Calvi), seinen rechten Arm büßte er 1797 beim vergeblichen Versuch ein, durch die Eroberung von Santa Cruz de Tenerife die Kanarischen Inseln dem britischen Imperium anzugliedern.

99 Thornbury, Bd. 2, S. 99

100 Ebd., S. 98

101 *De Artificiali Perspectiva,* Toul 1505

102 *Vnderweysung der messung mit dem zirckel vnd richtscheyt*, Nürnberg 1525

103 *Livre de Perspective,* Paris 1560

104 *Des Circkels unnd Richtscheyts, auch der Perspectiva und Proportion der Menschen und Rosse, kurtze, doch gründtliche underweisung deß rechten gebrauchs.* Frankfurt 1564

105 *La pratica della perspettiva*, Venedig 1568

106 *Trattato dell'arte della pittura, scoltura et architettura*, Mailand 1584

107 *La Pratica di Prospettiva,* Venedig 1596

108 *Perspectivae libri sex*, Pisa 1600

109 *La Perspective, avec la Raison des ombres et miroirs*, London 1612
110 *Lo Inganno de gl'occhi. Prospettiva pratica,* Florenz 1625
111 *Paradossi Per Pratticare La Prospettiva Senza Saperla*, Bologna 1683
112 Zit. n. Pohlmann/Westheider, S. 46
113 Turner Bequest CVIII Folio 52 und 53a, Tate
114 Thornbury, Bd. 2, S. 99
115 Armstrong, S. 10
116 Shee, S. XXXIII
117 Ebd., S. XXXIV
118 Vgl. Richter-Musso, S. 45
119 www.artisoo.com/OilPainting-Blog/hannibal-and-his-army-crossing-the-alps-by-turner: Craft, treachery, and fraud – Salassian force, / Hung on the fainting rear! then Plunder seiz'd / The victor and the captive, – Saguntum's spoil, / Alike, became their prey; still the chief advanc'd, / Look'd on the sun with hope; – low, broad, and wan; / While the fierce archer of the downward year / Stains Italy's blanch'd barrier with storms. / In vain each pass, ensanguin'd deep with dead, / Or rocky fragments, wide destruction roll'd. / Still on Campania's fertile plains – he thought, / But the loud breeze sob'd, «Capua's joys beware! – (Das leidlich diffuse Gedicht im originalen Wortlaut, um eigene Übersetzungen zu ermöglichen.)
120 Zit. n. Andreas Haus, in: Bock/Prinz, S. 95f.
121 Thornbury, Bd. 1, S. 269
122 Thornbury, Bd. 1, S. 269
123 Vgl. Smiles 2020, S. 34
124 Vgl. ebd., S. 271 – Eine gewohnt apodiktische Meinung der Nachwelt war die von Julius Meier-Graefe, S. 211: »Aus Claude Lorrain machte er eine dürre Ruine, die unter dem Flammenzauber seiner Koloristik verblich.«
125 Muther, Bd. 2, S. 295
126 Fontane, S. 25
127 Vgl. Roach, S. 91-93
128 Muther, Bd. 2, S. 296
129 Vgl. Costello, S. 52
130 Vgl. David Hill, *Geschäftige Zeiten der Fortbewegung und des Unternehmergeistes. Turner auf Reisen*, in: Herbst, S. 24
131 Thornbury, Bd. 1, S. 272
132 Vgl. Gillian Forrester: Turners Pastorale, in: Herbst, S. 14
133 Thornbury, Bd. 1, S. 271
134 Vgl. Tenner, unpaginiert
135 Vgl. Haftmann, S. 10
136 Byron, S. 183
137 Ebd., S. 186
138 Vgl. Campbell, S. 62ff.
139 *Sun* vom 15. 5. 1818
140 Campbell, S. 178
141 Lord Byron: Childe Harold's Pilgrimage, Canto The Third, XLVI
142 Byron, S. 192
143 Das Gemälde wurde 2017 bei Sotheby's für 22,7 Millionen Euro versteigert.
144 Byron, S. 195-196
145 Howitt, *The Student-life of Germany*, S. 432-433
146 Ohff, S. 36
147 Treasures of Art in Great Britain, London 1854, zit. n. Andreas Haus, in: Bock/Prinz, S. 99
148 Vgl. Biedermann, S. 58
149 Zit. n. Wilton 2006, S. 18

150 Vgl. Wilton 2006, S. 25
151 Vgl. Mason, S. 114
152 Byron, S. 255
153 Zit. n. Klonk, S. 9
154 Hrsg. von Hans Vollmer, S. 494
155 Vgl. Ian Warrell, *Der Einbruch der Nacht. Turners Venedig*, in: Schwander, S. 59
156 Morning Cronicle, 6. Juni 1833
157 Vgl. auch Chomentowska, S. 49-62 – Bockemühl, S. 58, schreibt: »Was malt Turner mit Farbe? Farbe!«
158 Jeremiah 4,23, zitiert nach der King James Bibel von 1611
159 Zit. n. Chomentowska, S. 53
160 Armstrong, S. 13
161 Vgl. Mason, S. 117
162 Roach, S. 65
163 Vgl. Powell, S. 37
164 Rogers, 1828, S. 51-52
165 Vgl. Wagner, S. 21
166 The Art Journal, British Artist's. Their Style and Character, XIX: J. M. W. Turner. R. A., London 1856, S. 299
167 James Dafforne: The Works of J.M.W. Turner, London 1877, zit. n. Chomentowska, S. 33
168 Fontane, S. 25
169 Muther, Bd. 2, S. 299
170 Heine, S. 289
171 Wilton 2006, S. 14
172 Vgl. z.B. Monika Wagner, Zur Fusion der Elemente in Turners Malerei, in: Richter-Musso, S. 65
173 Koch, S. 68
174 Zit. n. Mason, S. 131
175 Zit. n. Wilton 1982, S. 80
176 Zit. n. Wilton 2006, S. 19
177 Zit. n. Ohff, S. 104
178 Zit. n. Vogt, S. 51
179 Zit. n. Andreas Haus, in: Bock/Prinz, S. 95
180 Vgl. Vogt, S. 55, und Muther, Bd. 2, S. 294, der sich darüber mokiert, dass sich Richard Liebreich Turners Malstil nur mit einem »Augenübel« erklären konnte
181 Mit einem Text von Leitch Richie, dessen Roman *Schinderhannes. The Robber of the Rhine* im folgenden Jahre erschien
182 Vgl. Powell, S. 45
183 Hugh Andrew Johnstone Munro of Novar, vgl. Ian Warrell, *Der Einbruch der Nacht. Turners Venedig*, in: Schwander, S. 60
184 Thornbury, Bd. 2, S. 1
185 Vgl. Roach, S. 67
186 Thornbury, Bd. 2, S. 6-7
187 Ebd., S. 2
188 Vgl. z.B. Walker, S. 118, und Smiles 2020, S. 112
189 Walker, S. 29
190 Vgl. z.B. Walker, S. 128, der es für abgeschlossen hält, während etwa das Museums-Label von einem »unfinished painting« spricht.
191 Bode, S. 56
192 Serres, S. 109
193 Wordsworth, Poems, S. 118
194 Vgl. z.B. Ohff, S. 109 – David Bleyney Brown hält es mit Rücksicht auf Turners Cockney-Akzent für möglich, dass Turner statt »Indistinctness is my forte« auch »… is my fault« gemeint haben könnte. Vgl. Brown, *Sun is God*, in: Kappel Blegvad, S. 15
195 Meist wird die Szene als Sonnenuntergang gesehen. Vgl. z.B. in Henry Newbolts Gedicht *The*

fighting Temeraire von 1898. Ruskin erwähnt, das Gemälde sei das einzige, das sich seit seiner Fertigstellung farblich praktisch nicht verändert habe, vgl. Ruskin, Bd. 2, S. 136

196 So eine Abstimmung der BBC zwischen Juli und September 2005, in der Turners Gemälde die Bilder von Constable (*Der Heukarren*) und Manet (*Bar in den Folies-Bergère*) auf die Plätze verwies

197 Vgl. Lewis, *passim*

198 Zit. n. Busch 1997, S. 289

199 Vgl. Mordechai, S. 7

200 Kim, S. 127

201 Vgl. Ohff, S. 45

202 Zit. n. Müller-Jensen, S. 140

203 Vgl. Ruskin 1890, Bd. 1, S. 135-136

204 Vgl. auch Chomentowska, S. 38-39

205 Ohff, S. 116

206 Koch, S. 68

207 Zu den Skizzenbüchern ausführlich: Warrell, S. 9ff.

208 Armstrong, S. 14-15

209 Davy 1814, S. 53, vgl. auch James Hamilton, *In lichtstrahlendem Wettstreit. Turner und die neue Naturauffassung von 1800 bis 1850*, in: Richter-Musso, S. 55

210 Goethe's Theory of Colours, London 1840

211 Goethe, S. XXXVII

212 Zit. n. Bockemühl, S. 16

213 Spectator, 13. Mai 1843

214 Morning Chronicle, 9. Mai 1843

215 Athenaeum, 17. Juni 1843

216 »The ark stood firm on Ararat; th'returning sun / Exhaled earth's humid bubbles, and emulous of light, / Reflected her lost forms, each in prismatic guise / Hope's harbinger, ephemeral as the summer fly / Which rises, flits, expands, and dies.«

217 Goethe, S. 356

218 Ebd., S. 607

219 Ebd., S. XL

220 Haftmann, S. 155

221 Thornbury, Bd. 2, S. 160-161

222 Satiremagazin *Punch*, Januar-Juni 1845, S. 236, S. 114

223 Smiles 2020, S. 33

224 Zit. n. ebd., S. 36

225 Zit. n. ebd., S. 37

226 Vgl. Busch 1997, S. 337-238, und Bockemühl, S. 18

227 Vgl. David Blayney Brown, Welt in Bewegung, in: Arnhold, S. 40

228 Zit. n. Wilton 1982, S. 30

229 Thornbury, Bd. 1, S. 347-348

230 Zit. n. David Blayney Brown, Welt in Bewegung, in: Arnhold, S. 43

231 Vogt, S. 54

232 Thornbury, Bd. 1, S. 347

233 Ebd. – Diese Künstlerlegende wurde bereits von Ludolf Backhuysen und Claude Joseph Vernet erzählt und es darf an ihrem Wahrheitsgehalt gezweifelt werden. Vgl. Judith Claus und Marie Meeth, in: Arnhold, S. 179

234 Fontane, S. 26

235 Athenaeum, 14. Mai 1842

236 Edinburgh Magazine, Juli 1842

237 Fetzer, S. 135

238 Vgl. Eschenburg, S. 148

239 Vgl. James Hamilton, *In lichtstrahlendem Wettstreit. Turner und die neue Naturauffassung von 1800 bis 1850*, in: Richter-Musso, S. 59

240 Vgl. Monika Wagner, Zur Fusion der Elemente in Turners Malerei, in: Richter-Musso, S. 65

241 Davy 1833, S. 254

242 Vgl. ebd., S. 257

243 Ebd.

244 Rosenberg, passim; sowie Beat Wismer, Atmosphere is my style. Anmerkungen zu Turners Modernität, in: Fetzer, S. 151

245 Turrell, zit. n. Kappel Blegvad, S. 58

246 Gen. 1,21

247 Z.B. durch das *Allgemeine Lexikon bildender Künstler*, hrsg. von Hans Vollmer, Leipzig 1939, S. 494 – Zur Debatte um Turner als Proto-Impressionisten vgl. Smiles 2007, S. 102ff.

248 Meier-Graefe, S. 212

249 In *Frazer's Magazine*, Juni 1844, über Turners *Rain, Steam and Speed*, zit. n. Maja Schepelmann, *Der Moment außer der Zeit*, in: Kisser, S. 328, Fn. 21

250 Zit. n. Haftmann, S. 157

251 »Noi affermiamo che la magnificenza del mondo si è arricchita di una bellezza nuova: la bellezza della velocità. (…) Il Tempo e lo Spazio morirono ieri. Noi viviamo già nell'assoluto, poichè abbiamo già creata l'eterna velocità onnipresente«, zit. n. https://www.gutenberg.org/cache/epub/28144/pg28144-images.html

252 Vgl. etwa Thornbury, Bd. 2, S. 342

253 Vgl. Chomentowska, S. 28-29

254 Muther, Bd. 2, S. 293f.

255 Vgl. Buchberger, S. 18

256 Ruskin 1857, S. 5

257 Ebd., S. 246

258 Ebd., S. 5

259 Thornbury, Bd. 1, S. 349

260 Beale, S. 158

261 Zit. n. Walker, S. 31

262 Vgl. Kappel Blegvad, S. 35

263 Thornbury, Bd. 2, S. 272

264 Fontane, S. 25

265 De Gruyter Allgemeines Künstlerlexikon, Bd. 111, S. 31

266 Haftmann, S. 155

ABBILDUNGSVERZEICHNIS

Frontispiz *Selbstporträt*, 1799, Öl auf Leinwand, 74 × 58 cm, Tate Gallery, London

1 *Aufgepeitschte Wellen*, um 1840, Öl auf Leinwand, 60 × 95 cm, Tate Gallery, London
2 George Dance d. J.: *William Turner, 4. August 1792*, Aquarell auf Papier, 22 × 17 cm, Privatsammlung
3 *Akt in der Pose des Sterbenden Galliers*, 1792, Kreide auf Papier, 28 × 39 cm, Tate Gallery
4 John Robert Cozens: *Nemisee mit Genzano*, 1777, Aquarell auf Papier, 50 × 68 cm, Ashmolean Museum, Oxford
5 John »Warwick« Smith: *Isola Madre*, ca. 1781, Aquarell auf Papier, 31 × 45 cm, Yale Center for British Art
6 Francis Towne: *Rydal Water*, 1789, Aquarell auf Papier, 16 × 24 cm, Victoria & Albert Museum, London
7 Thomas Girtin: *White House at Chelsea*, 1800, Aquarell auf Papier, 30 × 51 cm, Tate Gallery, London
8 *Ruinen der Abtei Tintern Abbey*, 1794, Aquarell auf Papier, 42 × 58 cm Victoria & Albert Museum, London
9 Thomas Girtin: *Ruinen der Lindisfarne Priory*, 1798, Aquarell auf Papier, 53 × 40 cm, British Museum, London
10 *Leeds*, 1816, Aquarell auf Papier, 29 × 43 cm, Yale Center for British Art
11 Philipp Jakob Loutherbourg: *Coalbrookedale bei Nacht*, 1801, Öl auf Leinwand, 68 × 107 cm, Science Museum, London
12 *Stonehenge*, 1799 (?), Tusche und Bleistift auf Papier, 14 × 21 cm, Tate Gallery, London
13 *Fischer auf See*, 1796, Öl auf Leinwand, 92 × 122 cm, Tate Gallery, London
14 *Caernarfon Castle, Sonnenuntergang*, Akademisches Skizzenbuch, 1798-99, Guache und Aquarell auf Papier, 14 × 22 cm, Tate Gallery, London
15 *Caernarfon Castle*, 1799, Aquarell auf Papier, 57 × 82 cm, Privatsammlung
16 *Fonthill*, 1800, Aquarell auf Papier, 69 × 104 cm, National Galleries of Scotland, Edinburgh
17 *Das Torhaus von Denbigh Castle: Farbstudie*, 1799-1800, Aquarell auf Papier, 67 × 101 cm, Tate Gallery, London
18 *Die fünfte Ägyptische Plage*, 1800, Öl auf Leinwand, 120 × 180 cm, Indianapolis Museum of Art
19 *Dolbadarn Castle*, 1800, Öl auf Leinwand, 119 × 90 cm, Royal Academy of Arts, London
20 *Mole von Calais*, 1802, Öl auf Leinwand, 173 × 242 cm, National Gallery, London
21 *Teufelsbrücke, St.-Gotthard-Pass*, 1806-07, Aquarell auf Papier für das *Liber Studiorum*, 18 × 26 cm, Tate Gallery, London
22 *Dornenkrönung nach Tizian*, 1802, Bleistift und Kreide auf Papier, 13 × 11 cm, Tate Gallery, London

23 Kommentar Turners zu Tizians *Dornenkrönung*, 13 × 11 cm, Tate Gallery, London
24 Tizian: *Dornenkrönung*, 1542-43, Öl auf Leinwand. 270 × 160 cm, Louvre, Paris
25 *Lawine in Graubünden*, 1810, Öl auf Leinwand, 90 × 120 cm, Tate Gallery, London
26 Philipp Jakob Loutherbourg: *Lawine in den Alpen*, 1803, Öl auf Leinwand, 102 × 160 cm, Tate Gallery, London
27 *Brienzer See mit Ruine Ringgenberg*, um 1809, Aquarell auf Papier, 30 × 44 cm, Tate Gallery, London
28 *Männlicher Akt in Rückenlage*, 1799-1805, Kreide auf Papier, 27 × 44 cm, Tate Gallery, London
29 *Weiblicher Akt, liegend*, 1809, Bleistift auf Papier, 8 × 11 cm, Tate Gallery, London
30 *Die Schlacht von Trafalgar, gesehen vom Achtermast der Steuerbordseite auf der Victory*, 1806-08, Öl auf Leinwand, 171 × 239 cm, Tate Gallery, London
31 Stich von W. B. Cooke nach William Howell: *Sandycombe Lodge*, Twickenham, 1814, Tate Gallery, London
32 *Spiegelungen in einer einzelnen polierten Metallkugel und in einem Paar polierter Metallkugeln*, Diagramm für Turners 5. Vorlesung, ca. 1810, Öl und Bleistift auf Papier, 64 × 97 cm, Tate Gallery, London
33 *Hannibal überquert die Alpen*, 1812, Öl auf Leinwand, 146 × 238 cm, Tate Gallery, London
34 *Ein klassischer Hafen*, 1805, Tusche und Aquarell auf Papier, 15 × 26 cm, Tate Gallery, London
35 Claude Lorrain: *Hafen mit Einschiffung der Königin von Saba*, 1648, Öl auf Leinwand, 149 × 197 cm, National Gallery, London
36 *Dido erbaut Karthago*, 1815, Öl auf Leinwand, 155 × 230 cm, National Gallery, London
37 *Der Untergang Karthagos*, 1817 ausgestellt, Öl auf Leinwand, 170 × 239 cm, Tate Gallery, London
38 Willem van de Velde: *Holländische Boote auf stiller See*, um 1660, Öl auf Holz, 36 × 43 cm, National Gallery, London
39 *Sonnenaufgang durch Nebel*, 1807, Öl auf Leinwand, 134 × 180 cm, National Gallery, London
40 Philipp Jakob Loutherbourg: *The Glorious First of June*, 1795, Öl auf Leinwand, 267 × 374 cm, National Maritime Museum, London
41 *Schlacht von Trafalgar*, 1823, Öl auf Leinwand, 262 × 369 cm, National Maritime Museum, London
42 *Yarmouth Sands*, 1824 oder später, Aquarell auf Papier, 19 × 25 cm, Fitzwilliam Museum, Cambridge
43 Frontispiz des *Liber Studiorum*, 1810-11, Aquarell auf Papier, 29 × 38 cm, Tate Gallery, London
44 *Dunstanburgh Castle* (für das *Liber Studiorum*), 1808, Aquarell auf Papier, 19 × 27 cm, Tate Gallery, London
45 *Mer de Glace. Eismeer unterhalb des Mont Blanc* (für das *Liber Studiorum*), 1812, 18 × 26 cm, Tate Gallery, London

46 *Northam Castle am Tweed* (für das *Liber Studiorum*), 19 × 27 cm, Tate Gallery, London
47 *Luzerner See*, 1802, Aquarell auf Papier, 31 × 46 cm, Tate Gallery, London
48 *Waterloo*, 1818 ausgestellt, Öl auf Leinwand, 147 × 239 cm, Tate Gallery, London
49 *Ehrenbreitstein mit Marceaus Grab*, 1835, Öl auf Leinwand, 123 × 93 cm, Privatsammlung
50 *Kolosseum bei Nacht*, 1819, 23 × 37 cm, Tate Gallery, London
51 *Venedig, Blick von der Giudecca: Sonnenaufgang*, 1819, Aquarell auf Papier, 22 × 29 cm, Tate Gallery, London
52 Clarkson Frederick Stanfield: *Venedig von der Dogana*, 1833, Öl auf Leinwand, 130 × 167 cm, Bowood House, Wiltshire
53 *Seufzerbrücke, Dogenpalast, Zollhaus: Canaletto painting*, 1833 ausgestellt, Öl auf Leinwand, 51 × 82 cm, Tate Gallery, London
54 *Rom vom Vatikan aus gesehen. Raffael, in Begleitung Fornarinas, bereitet seine Bilder für die Dekoration der Loggia vor*, 1819, Öl auf Leinwand, 177 × 335 cm, Tate Gallery, London
55 *Aachener Dom. Südseite*, 1824, Bleistift auf Papier, 10 × 16 cm, Tate Gallery, London
56 *Maastricht und Wyck an der Maas mit Sint Servaasbrug, Figuren und Booten, Kirchen und Festungen*, 1825, Bleistift auf Papier, 10 × 16 cm, Tate Gallery, London
57 *Römische Campagna*, Illustration zu Samuel Rogers' *Italy*, 1826-30
58 *Florenz von San Miniato aus gesehen*, 1828, Aquarell auf Papier, 30 × 22 cm, British Museum, London
59 *Drei Seelandschaften*, um 1827, Öl auf Leinwand, 91 × 60 cm, Tate Gallery, London
60 *Mont Saint-Michel*, 1826, Bleistift auf Papier, 9 × 13 cm, Tate Gallery, London
61 *Mont Saint-Michel*, 1827-28, Aquarell auf Papier, 18 × 26 cm, Tate Gallery, London
62 *Mont Saint-Michel*, 1827, Aquarell auf Papier, 18 × 26 cm, The Hecksher Family Collection, Fine Arts Museum of San Francisco
63 Joseph Anton Koch oder Umkreis: Karikatur auf Turner, 1828
64 *Regulus*, 1828, Öl auf Leinwand, 90 × 124 cm, Tate Gallery, London
65 *Die Herrschaften Reisenden bei ihrer Rückkehr aus Italien (vermittels Postkutsche) in einer Schneeverwehung auf dem Mont Tarare*, 1829, Öl auf Leinwand, 55 × 75 cm, British Museum, London
66 *Billardspieler*, Petworth, 1828, Aquarell auf Papier, 14 × 19 cm, British Museum, London
67 *Interieur eines großen Hauses*, in Verbindung gebracht mit East Cowes Castle, 1830-37, 91 × 122 cm, Tate Gallery, London
68 Thomas Jones: *Neapel. Gebäude auf einem Felsen*, 1782, Öl auf Papier, 29 × 39 cm, Tate Gallery, London
69 *Italienische Bucht*, 1827-28, Öl auf Leinwand, 60 × 102 cm, Tate Gallery, London
70 *Der Brand des Parlaments*, 1834, Öl auf Leinwand, 92 × 123 cm, Philadelphia Museum of Art
71 *Der Brand des Parlaments*, 1835, Öl auf Leinwand, 124 × 154 cm, Cleveland Museum of Art
72 John Constable: *Eröffnung der Waterloo Bridge am 18. Juni 1817*, 1829, 131 × 218 cm, Tate Gallery, London

73 *Waterloo Bridge*, 183035, Öl auf Leinwand, 90 × 121 cm, Tate Gallery London
74 *Llanthony Abbey*, 1794, Aquarell auf Papier, 34 × 45 cm, Tate Gallery, London
75 *Llanthony Abbey*, 1834, Aquarell auf Papier, 28 × 41 cm, Indianapolis Museum of Art
76 *Hafenarbeiter [Keelmen] verladen Kohle bei Mondlicht*, 1830, Öl auf Leinwand, 92 × 123 cm, National Gallery of Art, Washington
77 *The fighting Temeraire*, 1839, Öl auf Leinwand, 91 × 122 cm, National Gallery, London
78 *Das Sklavenschiff*, 1840, Öl auf Leinwand, 91 × 123 cm, Museum of Fine Arts, Boston
79 *Der Morgen nach dem Schiffbruch*, um 1841, Öl auf Leinwand, 25 × 36 cm, Courtauld Institute Galleries, London
80 *Neumond – »Ich habe mein Boot verloren, du sollst deinen Reifen nicht haben«*, 1840, Öl auf Leinwand, 65 × 81 cm, Tate Gallery, London
81 *Ein Himmelbett mit Gestalten beim Sex* (links) und *Zwei Figuren, die eine liegende nackte Frau betrachten* (rechts), 1834-36, Aquarell und Bleistift auf Papier, 8 × 20 cm, Tate Gallery, London
82 *Schatten und Dunkelheit – Der Abend der Sintflut*, 1843 ausgestellt, Öl auf Leinwand, 79 × 79 cm, Tate Gallery, London
83 *Licht und Farbe (Goethes Theorie) – Der Morgen nach der Sintflut*, 1843 ausgestellt, Öl auf Leinwand, Tate Gallery, London
84 *Am Morgen, Rückkehr vom Ball*, 1845, Öl auf Leinwand, 62 × 92 cm, Tate Gallery, London
85 *Blauer Rigi*, 1842, Aquarell auf Papier, 30 × 45 cm, Tate Gallery, London
86 *Dunkler Rigi*, Studie, 1841-42, Aquarell auf Papier, 23 × 32 cm, Tate Gallery, London
87 *Dunkler Rigi*, 1842, Aquarell auf Papier, 31 × 46 cm, Privatsammlung
88 *Roter Rigi*, 1842, Aquarell auf Papier, 31 × 46 cm, National Gallery of Victoria
89 *Eröffnung der Walhalla*, 1842, Öl auf Leinwand, 113 × 200 cm, Tate Gallery, London
90 *Annäherung an Venedig*, 1843, Öl auf Leinwand, 62 × 94 cm, National Gallery, Washington
91 *Venedig, gesehen von der Giudecca*, 1840, Öl auf Leinwand, 61 × 91 cm, Victoria & Albert Museum, London
92 *Dogana und Santa Maria della Salute*, 1843, Öl auf Leinwand, 61 × 91 cm, Victoria & Albert Museum, London
93 *Venedig mit Santa Maria della Salute*, 1840-45, Öl auf Leinwand, 62 × 93 cm, Tate Gallery, London
94 *Schneesturm. Dampfschiff in der Hafenmündung gibt Signale*, 1842, Öl auf Leinwand, 91 × 122 cm, Tate Gallery, London
95 *Frieden. Bestattung auf See*, 1842 ausgestellt, Öl auf Leinwand, 87 × 87 cm, Tate Gallery, London
96 *Krieg*, 1842 ausgestellt, Öl auf Leinwand, 87 × 87 cm, Tate Gallery, London
97 *Regen, Dampf und Geschwindigkeit – die Great Western Railway*, 1843, Öl auf Leinwand, 91 × 122 cm, National Gallery, London
98 Richard Doyle: *Turner malt eines seiner Bilder*, aus: *The Grand Almanack of the Month*, Juni 1846, The New York Public Library

99 *Sonnenaufgang mit Seemonstern*, 1843, 91 × 122 cm, Tate Gallery, London

100 *Norham Castle, Sonnenaufgang*, ca. 1845, Öl auf Leinwand, 90 × 122 cm, Tate Gallery, London

101 *Whalers*, 1845, Öl auf Leinwand, 92 × 123 cm, Metropolitan Museum, New York

102 *Merkur wird ausgesendet, um Äneas zu ermahnen*, 1850, Öl auf Leinwand, 90 × 120 cm, Tate Gallery, London

103 *Besuch am Grab*, 1850, Öl auf Leinwand, 91 × 122 cm, Tate Gallery, London

104 George Jones: *Aufbahrung Turners in seiner Galerie am 29. Dezember 1851*, Öl auf Pappe, 14 × 23 cm, Ashmolean Museum, Oxford

105 *Fischer auf der Lagune bei Mondschein,* Venedig, 1840, Aquarell auf Papier, 19 × 28 cm, Tate Gallery, London

LITERATURVERZEICHNIS

Die Übersetzungen der im Text zitierten Stellen englischsprachiger Publikationen stammen vom Autor.

Alms, Barbara: *Die gleißenden Gipfel. Malerei zwischen Mythos und Moderne*, Köln 2021

Armstrong, Walter: *J. M. W. Turner, London 1902*

Arnhold, Hermann (Hrsg.): *Turner – Horror and Delight*, Dresden 2019

Baucheron, Éléa / Diane Routex: *Skandalkunst. Zensiert. Verboten. Geächtet*, München 2013

Beale, Thomas: *The National History of the Sperm Whale*, London 1839

Beckford, William: *Vathek*. Aus den Französischen von Franz Blei. Mit einem Vorwort von Stéphane Mallarmé, Frankfurt am Main 1964

Beddington, Charles: *Venice. Canaletto and his Rivals*, London 2010

Bevis, Matthew / Jonathan Watkins: *Edward Lear. Moment to Moment*, Birmingham 2022

Biedermann, Heike (Hrsg.): *Italienbilder zwischen Romantik und Realismus. Malerei des 19. Jahrhunderts*, Dresden 2017

Bock, Henning / Ursula Prinz (Hrsg.): *J. M. W. Turner. Der Maler des Lichts*, Berlin (West) 1972

Bockemühl, Michael: *J. M. W. Turner. Nach einer Vorlesung zu J. M. W. Turner im Museum Folkwang 2001*, Frankfurt 2022 (Band 15 der Edition »Kunst sehen«)

Bode, Ursula: *William Turner*, Dortmund 1994

Brown, David Blayney: Einleitung, in: *J. M. W. Turner. Luzerner Skizzenbuch*, Luzern 2019

Brown, David Blayney u.a. (Hrsg.): *Turner's Modern World*, London 2020

Buchberger, Eva: *Sehstörung. Blindheit und Blendung in der zeitgenössischen Kunst*, München 2020

Burford, E. J.: *Wits, Wenchers, and Wantons: London's Low Life. Covent Garden in the Eighteenth Century*, London 1986

Busch, Werner (Hrsg.): *Landschaftsmalerei*, Berlin 1997

Busch, Werner: *Englishness. Beiträge zur englischen Kunst des 18. Jahrhunderts von Hogarth bis Romney*, München 2010

Byron, George Gordon: *Lord Byrons Werke*, übersetzt von Otto Gildemeister, Bd. 2, Berlin 1866

Campbell, Charles: *The Traveller's Complete Guide through Belgium & Holland; containing full Directions for Gentlemen, Lovers of the Fine Arts and Travellers in General*, London 1817

Chomentowska, Sylwia M.: *»Sehen von Nichts«. Annäherungen an Turners aisthetische Bild- und ästhetische Erkenntniskritik*, München 2013

Clarke, Jay Anne: *Landscape, Innovation and Nostalgia. The Manton Collection of British Art*, New Haven 2012

Combe, William: *Die Reise des Doktor Syntax um das Malerische aufzusuchen. Ein Gedicht in sechsundzwanzig Gesängen nebst dreißig kolorierten Steinstichen*, Berlin 1822

Cooper, Suzanne Fagence / Richard Johns (Hrsg.): *Ruskin, Turner and the Storm Cloud*, New York 2019

Costello, Leo: *J. M. W. Turner and the Subject of History*, Farnham 2012

Davy, Humphry: *Elemente des chemischen Theiles der Naturwissenschaft, aus dem Englischen übersetzt von Friedrich Wolff*, Bd. 1, Berlin 1814

Davy, Humphry: *Sir Humphry Davy's Tröstende Betrachtungen auf Reisen; oder die letzten Tage eines Naturforschers*, Nürnberg 1833

Dootson, Kirsty Sinclair: *The Rainbow's Gravity. Colour, Materiality and British Modernity*, London 2023

Eckermann, Johann Peter: *Gespräche mit Goethe in den letzten Jahren seines Lebens*. Hrsg. von Christoph Michel unter Mitwirkung von Hans Grüters, Berlin 2011

Eschenburg, Barbara: *Naturbilder – Weltbilder: Landschaftsmalerei und Naturphilosophie von Jan van Eyck bis Paul Klee*, Berlin 2019

Fayet, Roger u.a. (Hrsg.): *Wissenschaft, Sentiment und Geschäftssinn. Landschaft um 1800*, Zürich 2017

Fetzer, Fanni: *Turner – Das Meer und die Alpen*, Luzern 2019

Fetzer, Fanni: Vorwort, in: *J. M. W. Turner. Luzerner Skizzenbuch*, Luzern 2019

Finley, Gerald E.: *Angel in the Sun. Turner's Vision of History*, Montreal 1999

Fontane, Theodor (unter dem Pseudonym Noel): Zwanzig Turner'sche Landschaften in Marlborough House, in: *Deutsches Kunstblatt*, Berlin, 8, 1857, S. 25ff.

Galassi, Susan Grace u.a.: *Turner's Modern and Ancient Ports. Passages through Time*, New York 2017

Gaunt, William: *Turner*, London 1981

Gilpin, William: *Observations, relative chiefly to picturesque beauty, made in the year 1776, on several parts of Great Britain, particularly the High-lands of Scotland*, London 1792

Gilpin, William: *Observations on the River Wye*, London 1800

Goethe, Johann Wolfgang von: *Zur Farbenlehre*, Bd. 1, Tübingen 1810

Grant, Simon (Hrsg.): *Hockney on Turner Watercolours*, London 2007

Haftmann, Werner: *Der Mensch und seine Bilder. Aufsätze und Reden zur Kunst des 20. Jahrhunderts*, Köln 1980

Hargraves, Matthew: *Great British Watercolours. From the Paul Mellon Collection at the Yale Center for British Art*, New Haven 2007

Haupt, Klaus-Werner: *Okzident und Orient. Die Faszination des Orients im langen 19. Jahrhundert*, Wiesbaden 2015

Heine, Heinrich: *Reisebilder*, Kapitel XXVII, in: Heinrich Heine, *Werke*, Band 2, hrsg. von Wolfgang Preisendanz, Frankfurt 1968

Herbst, Helmut u.a. (Hrsg.): *Reisen mit William Turner. J. M. William Turner – Das Liber Studiorum*, Ostfildern 2008

Herold, Inge: *Turner auf Reisen*, München 1997

Herrmann, Luke: *Twilight of the Grand Tour. A catalogue of the drawings by James Hakewill in the British School at Rome Library*, Rom 1992
Howitt, William: *Student-Life of Germany*, London 1841
Kappel Blegvad, Maria (Hrsg.): *Joseph Mallord Willam Turner – Sun is God*, Kopenhagen 2021
Kielinger, Thomas: *Kleine Geschichte Großbritanniens*, München 2016
Kim, Sukmo: *Bildtitel. Eine Kunstgeschichte des Bildtitels*, Hamburg 2015
Kisser, Thomas (Hrsg.): *Bild und Zeit. Temporalität in Kunst und Kunsttheorie seit 1800*, München 2011
Klonk, Charlotte: *Science and the Perception of Nature. British Landscape Art in the Late Eighteenth and Early Nineteenth Centuries*, New Haven 1996
Koch, Joseph Anton: *Moderne Kunstchronik. Briefe zweier Freunde in Rom und der Tartarei über das moderne Kunstleben und Treiben; oder die Rumfordische Suppe, gekocht und geschrieben von Joseph Anton Koch in Rom*, Karlsruhe 1834
Lewis, Andrew: Martin Dockray and the *Zong*. A Tribute in Form of a Chronology, in: *A Journal of Legal History*, Bd. 28, 2007, S. 357-370
Lord, John (Hrsg.): *Peter de Wint 1784-1849. For the common observer of life and nature*, Aldershot 2007
Mason, Peter: *The Modernists that Rome made. Turner and other foreign painters in Rome XVI–XIX Century*, Rom 2020
Meier-Graefe, Julius: *Entwicklungsgeschichte der modernen Kunst*, Stuttgart 1904
Melville, Lewis: *The Life and Letters of William Beckford of Fonthill*, London 1910
Morris, William: *Kunde von Nirgendwo*, Königstein 2016
Müller-Jensen, Kei: *Das Alterswerk. Eine Gratwanderung*, Karlsruhe 2007
Munro-Faure, Alice: *Capturing the British Landscape. Alfred Augustus Glendening (1840-1921)*, London 2022
Muther, Richard: *Geschichte der Malerei*, 3 Bde., München 1893
Ogée, Frédéric: *Turner. Les Paysages absolus*, Paris 2010
Ohff, Heinz: *William Turner. Die Entdeckung des Wetters*, München 1987
Omer, Mordechai: *Turner und die Dichtkunst. Aquarelle, Graphik*, Karlsruhe 1976
Ottani Cavina, Anna: *Terre senz'ombra. L'Italia dipinta*, Mailand 2015
Pih, Darren / Laura Bruni (Hrsg.): *Radical Landscapes. Art, Identity and Activism*, London 2022
Pohlmann, Ulrich / Ortrud Westheider: *Über Wasser. Malerei und Photographie von William Turner bis Olafur Eliasson*, Hamburg 2015
Powell, Cecilia: *William Turner in Deutschland*, München 1995
Reynolds, Joshua: *Discourses*, London 1887
Richter-Musso, Inés / Ortrud Westheider: *William Turner. Maler der Elemente*, München 2011
Roach, Cathrine: *Pictures-within-Pictures in Nineteenth-Century Britain*, London und New York 2016
Rogers, Samuel: *Italy. A Poem*, London 1828

Rosenberg, Raphael (Hrsg.): *Turner, Hugo, Moreau. Entdeckung der Abstraktion*, München 2007
Rosenthal, Michael (Hrsg.): *Turner and Constable. Sketching from Nature*, London 2014
Ruskin, John: *Lectures on Architecture and Painting*, London 1854
Ruskin, John: *The Elements of Drawing*, London 1857
Ruskin, John: *Modern Painters*, New York 1890
Russell, John / Andrew Wilton: *Turner in der Schweiz*, Dübendorf 1976
Schneider, Norbert: *Malerei der frühen Neuzeit. Von Masaccio bis Delacroix. Interpretationen zentraler Werke*, Berlin 2017
Schwander, Martin (Hrsg.): *Venedig von Canaletto und Turner bis Monet*, Ostfildern 2008
Seibold, Ursula: *Zum Verständnis des Lichts in der Malerei J. M. W. Turners*, Heidelberg 1987
Serres, Michel: *Über Malerei. Vermeer – La Tour – Turner*, Dresden 1995
Shanes, Eric: *Young Mr Turner. The First Forty Years, 1775-1815*, New Haven und London 2016
Shee, Martin Archer: *Rhymes on Art or the Remonstrance of a Painter*, 3. Auflage, London 1809
Smiles, Sam: *The Making of a Modern Artist*, Manchester 2007
Smiles, Sam: *The late Works of J.M.W. Turner. The Artist and his Critics*, London 2020
Sontag, Susan: *Der Liebhaber des Vulkans*, München/Wien 1993
Stacey, David: *Art and Industry. Seven Artists in Search of an Industrial Revolution in Britain 1780-1830*, London 2021
Sumner, Ann / Greg Smith: *Thomas Jones 1742-1803. An Artist Rediscovered*, New Haven 2003
Sütterlin, Christa: *Wasser der Romantik. Eine Studie zu den Raum-Zeit-Bezügen bei Jean Paul und J. M. W. Turner*, Bern/Frankfurt 1982
Tenner, Helmut: Claude Lorrain / Richard Earlom: *Liber Veritatis 1777-1817*, Heidelberg 1983
Thornbury, Walter: *The Life of William Turner, R.A.; Founded on Letters and Papers Furnished by his Friends and Fellow Academicians*, 2 Bände, London 1862
Vaughan, William: *Samuel Palmer. Shadows on the Wall*, New Haven 2015
Vogt, Paul (Einführung): *William Turner. Aquarelle*, München 1987
Wagner, Monika: *William Turner*, München 2011
Walker, John: *Joseph Mallord William Turner*, Köln 2001
Warrell, Ian: *Turner's Sketchbooks*, London 2014
Wilcox, Timothy: *The Triumph of Watercolour. The Early Years of the Royal Watercolour Society 1805-1855*, London 2005
Wilkinson, Gerald: *Turner on Landscape. The Liber Studiorum*, London 1982
Wilton, Andrew: *William Turner. Reisebilder*, München 1982
Wilton, Andrew: *Turner in his Time*, London 2006
Wordsworth, William: *Poems, in two Volumes*, London 1807, Sonnet 14, Bd. 1
Wordsworth, William: *Zeilen, verfasst ein paar Meilen nördlich von Tintern Abbey* (1798), http://william-wordsworth.de/translations/tinternAbbey.html

BILDNACHWEISE

akg-images, Berlin: Abb. 19, 24, 65 (Erich Lessing); 77 (National Gallery Global Limited); 80, 93, Vor- und Nachsatzpapier; 104 (Ashmolean Museum, University of Oxford/ Heritage Images)

Boris von Brauchitsch, Berlin: 2, 3, 16, 20, 21, 27, 43, 44, 45, 46, 47, 52, 58, 62, 63, 76, 97, 98

Bridgeman Images, Berlin: 6 (The Stapleton Collection); 42 (Fitzwilliam Museum); 66

Indianapolis Museum of Art at Newfields: 18 (Geschenk in Erinnerung an Evan F. Lilly); 75 (Nachlass Kurt F. Pantzer)

mauritius images, Mittenwald: 1, 59, 64, 82, 95, 96, 100 (Vidimages/Alamy); 7, 68, 73 (Artgen/Alamy); 9, 51, 83, 91 (Artefact/Alamy); 25 (photosublime/Alamy); 35 (FineArt/ Alamy); 38, 53 (Art Collection 2/Alamy); 39 (Uwe Deffner/Alamy); 40 (CBW/ Alamy); 48 (The Artchives/Alamy); 49, 79, 99 (The Picture Art Collection/Alamy); 54 (Stefano Ravera/Alamy); 57 (Gallery Of Art/Alamy)

Metropolitan Museum of Art, New York: 101

National Gallery of Art, Washington, D. C.: 90, 92

Tate Images, London: 12, 14, 17, 22, 23, 28, 29, 30, 32, 34, 50, 55, 56, 60, 61, 69, 72, 74, 81, 86, 105 (Fotos: Tate)

Alle weiteren Abbildungen stammen aus dem Archiv des Insel Verlags.